荻窪家族プロジェクト物語

住む人・使う人・地域の人
みんなでつくり多世代で暮らす
新たな住まい方の提案

荻窪家族プロジェクト：編著
瑠璃川正子（代表） 澤岡詩野 連健夫ほか

萬書房

本書の出版は平成二七年度の公益財団法人建築技術教育普及センターの普及事業助成を受けて実施したものです。

はじめに

「新たな形の高齢者の住まい方」とはいったいどのようなものなのか、荻窪家族プロジェクトの代表、瑠璃川正子さんは自らの親の介護経験から、自分が高齢になったときの理想の住まいを求めました。しかし、具体的にイメージできません。サービス付集合住宅や有料老人ホームなどを見学しましたが、なぜかしっくりいきません。つまり既存の施設には求めるものがないのです。

そうであれば自分で創るしかない、自分が住む母屋と隣接するアパート二棟を建て替えれば創ることができるかもしれない、この想いを周りの人に語ってみました。「それは人が集まるコミュニティセンターみたいなものなの？」「会員制のクラブサロンのようなもの？」「仲のよい人たちが集まってできた集合住宅？」「よくわからないけど、そのようなものは無理なんじゃないの。できたとしても運営できるの？」など否定的な言葉もありました。しかし杉並区のさまざまな勉強会に参加するなかで、この想いを理解する人が少しずつ出てきました。そこには老年社会学、介護、福祉の専門家たちがいました。この賛同者たちが荻窪家族プロジェクトの当初のコアメンバー（澤岡詩野さん、島村八重子さん、河合秀之さん）です。

コアメンバーは何度も話し合いました。話し合うなかで、具体的な形はイメージできないけれど、言葉にすることはできました。「公的な与える介護サービスではなく、お互いに助け合うような介護」「受け身ではなく、自分でできることは自分でする福祉」「終の棲家ではなく、まだまだ未来がある、やりたいことはどんどんやる前向きの生活」「地域に開いた施設で、地域の方も利用する、地域の人たちと居住者が一緒に活動する」「ルールが先にあるのではなく居住者や協力者が使いながらルールをつくっていく」などです。これらはいわば目標とするコンセプトです。このような形で荻窪家族プロジェクトはスタートしました。

このコンセプトを具体的な形にするためには建築家が必要です。当初、瑠璃川さんは住宅メーカーに依頼しました。しかし出てくるプランはどこにでもあるようなサービス付高齢者住宅、有料老人ホームでした。これは求めるものではありません。コアメンバーの一人、澤岡さんは、老年社会学の専門家ですが、出身は建築学です。澤岡さんは「第三の居場所」づくりを提唱していて、それと同様の考えをもつ建築家、連《むらじ》健夫を知っていました。連はこの話をすると興味を示しました。福祉国家であるイギリスで学生、教師として過ごした経験をもち、高齢者居住の先進的事例を知っていました。また帰国後、利用者参加のデザインや街づくりワークショップなどの活動をしており、施主や賛同者と一緒に創ることに強く関心をもったのです。コアメンバーに加わり、何度ものミーティング、賛同者とのワークショップを繰り返し、具体的な形にしていきました。

ここで用いた設計手法とは「参加のデザイン」です。多くの人が関わることができる設計プロセスです。着工したあとも、建築の質を上げるために、若い建築家グループ、ツバメアーキテクツが参加しました。すでに設計がすみ工事がスタートしているにもかかわらず、さらにワークショップをして、完工前により使いやすいように変更する、名づけて「事前リノベーション」です。

使い方についても、今までにないコンセプトだけに、いろいろ模索、検討をします。専門家を招いてのシンポジウムをして議論を深めました。使い方の二つの目玉は「百人力サロン」と「荻窪暮らしの保健室」です。この建築には地域に開放する共用スペースがあるのが特徴であり、そのスペースを使っての活動です。百人力サロンは、メンバー登録をしてラウンジや集会室などを利用する地域開放の仕組みです。社会保険労務士の関屋利治さんが担当することになりました。荻窪暮らしの保健室は、保健、医療、心理などの分野のさまざまな相談を受ける仕組みであり、看護師で大学で教える上野佳代さんが担当することになりました。これも賃貸集合住宅では新たな使い方です。建設前から多くのメディアが取り上げてくれました。今までにないコンセプトであり、ビルディングタイプだからです。

さて、この新たなコンセプトを反映した具体的建築とはどのようなものなのでしょうか？　どのようなプロセスで生まれたのでしょうか？　どのような使われ方を実際にしているのでしょうか？チャレンジであるだけにさまざまな困難がありました。本書『荻窪家族プロジェクト物語――住む人・使う人・地域の人みんなでつくり多世代で暮らす新たな住まい方の提案』は、それらを関係者でありのまま記述しまとめたものです。

この建築は、一言でいえば「地域開放型賃貸シェアハウス的多世代集合住宅」です。長ったらしいのですが、どうしてもこうなってしまいます。地域と関わりながら、多世代で協働活動を伴う能動的生活ができる集合住宅なのです。この設計プロセスは、ワークショップをするなかで与条件を加えながら形にしていくという探究的なプロセスです。そうであるからこそ、形にすることができたのです。従来の設計は、すべての与条件が揃ったうえで設計するという目的的プロセスですが、これでは途中で参加者を増やすこともできないしアイデアを深めることもできません。

この荻窪家族プロジェクトを読み解くためにいくつかのキーワードがあります。すなわち【新しい高齢者居住、多世代、シェア、地域開放、参加のデザイン、ワークショップ、事前リノベーション、現在進行形、余白のあるデザイン、第三の居場所、私に公を入れる、自助から生まれる共助、インフォーマル】です。これらを頭に入れておくと荻窪家族プロジェクトの特徴が見えてきます。

今までにないビルディングタイプだけに、これらを整理してまとめることにより、類似のコンセプトや建築を創るときに参考事例になると思われます。すなわち、介護、福祉、医療、建築、街づくり、コミュニティに興味をもつ方にとって、あるいは、このような住宅に住みたい、生活したい、利用したいと思う方にとって、汎用性があり、役立つ本になることを執筆者一同、心から願っています。

執筆者を代表して　連　健夫

荻窪家族プロジェクト物語 ● 目次

第三章　使われ方の歩み

第四章　新しい高齢者居住、参加のデザイン

カバー・本扉イラスト　西川日満里
章扉イラスト　連　洋助
写真提供　荻窪家族プロジェクト

第一章
荻窪家族プロジェクトの特徴と意味

一――荻窪家族プロジェクトの特徴と意味〈ソフトから見て〉

◉澤岡詩野

超高齢社会に向けて荻窪家族プロジェクトのもつ可能性

高齢化に加え、地域コミュニティの弱体化、近隣どうしのつながりの希薄化は、現代の日本社会の抱える大きな課題となっています。実際に、東京のベッドタウンである江戸川区の大規模集合住宅の中高年を対象に行った調査*1では、回答者の四〇・四%が会や団体・サークル活動に不参加、三五・八%が週一回未満しか近隣の人と会話（あいさつなども含む）をしていませんでした。社会活動にまったく参加していない人や近隣とのつながりをもたない人の割合は男性で高く、一般にも指摘される職住分離で現役時代を過ごした企業退職男性の関係能力の低さを裏づける結果でした。

ここで注目すべきは、男性に比べて高い関係能力をもつはずの女性にも、活動にまったく参加していない人や近隣とのつながりをもたない人が一定割合存在することでした。この女性たちからは、「子どもが大きくなってからは団地内で親しく話す人もいなくなって寂しい」「仕事を辞めたあとは地域で何か始めたいと思っているが、知り合いもなく不安」など、家庭や職場以外の関わり、地域での居場所探しへの不安や、居場所を失った寂しさが語られました。さらに、二六・二％が孤独死・孤立死への不安を挙げており、安心して住み慣れた地域に住み続けるためにも、地域活動への参加や近隣とのつながりといった「居場所」を創り出すことが重要な課題といえます。

この「居場所」という言葉に明確な定義づけは行われていませんが、心理学分野においては不登校児のフリースクールといった青年期を対象に居場所の重要性が論じられています。これらの研究においては、他者とのつながりを居場所の重要な構成要素としており、「安らげる」や「ありのままでいられる」「役に立っていると思える」といった感情を伴う場所、時間、人間関係を指して用いられることが多いです。また、建築学分野では、建築計画や公共施設計画の観点から、居場所を「自由な時間を過ごす場所」や「居心地のよい場所」ととらえ、このあり方が検討されています。社会学者のレイ・オルデンバーグは「家庭（第一）」「職場や学校（第二）」という生活上必要不可欠な二つの居場所に続く、居心地のよさを感じる「第三の居場所（third place）」の存在が都市の魅力を左右すると指摘しています（Oldenburg, 1989）。*2

これら三つの居場所には、第一の「家庭」には子どもや親といった血縁関係、第二の「職場や学校」には同僚や同級生といった組織的な枠に基づく関係、「第三の居場所」には仲間や知人と表現されるような個々の興味や関心を共有する関係、といった異なる他者が存在していることが考えられます。このことから、「第三の居場所」は個々の価値観がもっとも反映される場といえ、仕事や

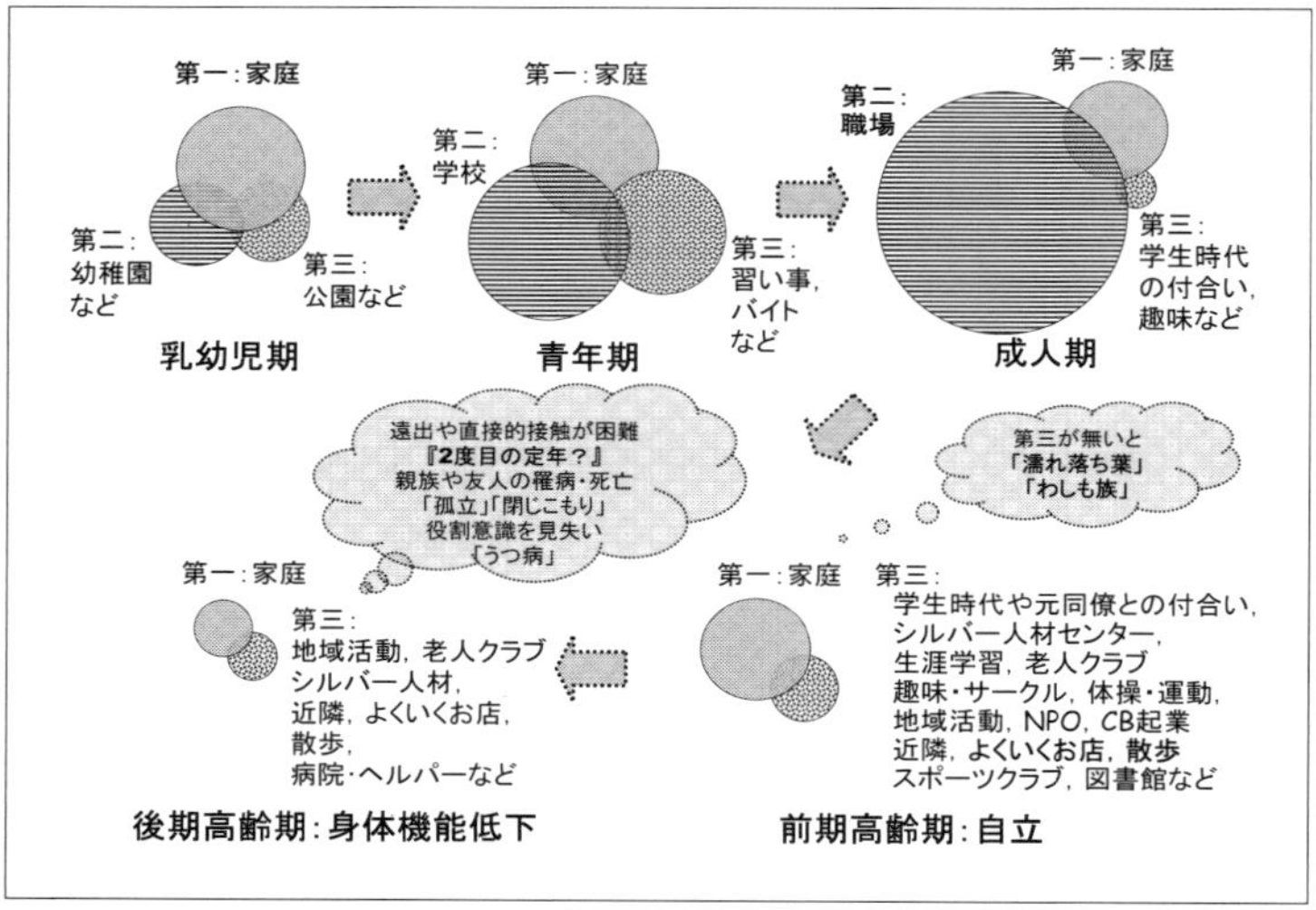

図１：居場所の移り変わり〈都市部の企業人〉（筆者作成）

子育てに追われる毎日に潤いを与える場、定年退職や子育ての終了とともに失われる職場や家庭といった大きな居場所と出番を補完しうる場とも言い換えられます。

これら三つの居場所の比重は、ライフステージによって変化していきます。図1は、社会的孤立の危惧される都市部に居住する企業人の居場所の移り変わりを表した概念図です。家庭が中心の乳幼児期から、学校や課外活動などにより青年期は多様な居場所をもつようになり、成人期は就職を機に職場が空間、時間、社会関係、活動のすべてにおいて主要な位置を占めるようになっていきます。こうして迎えた高齢期は、第二の円である職場がなくなるのと同時に、職場中心の成人期に縮小してしまった第三の円を再構築することの難しさに直面し、第一の円の小ささを再確認

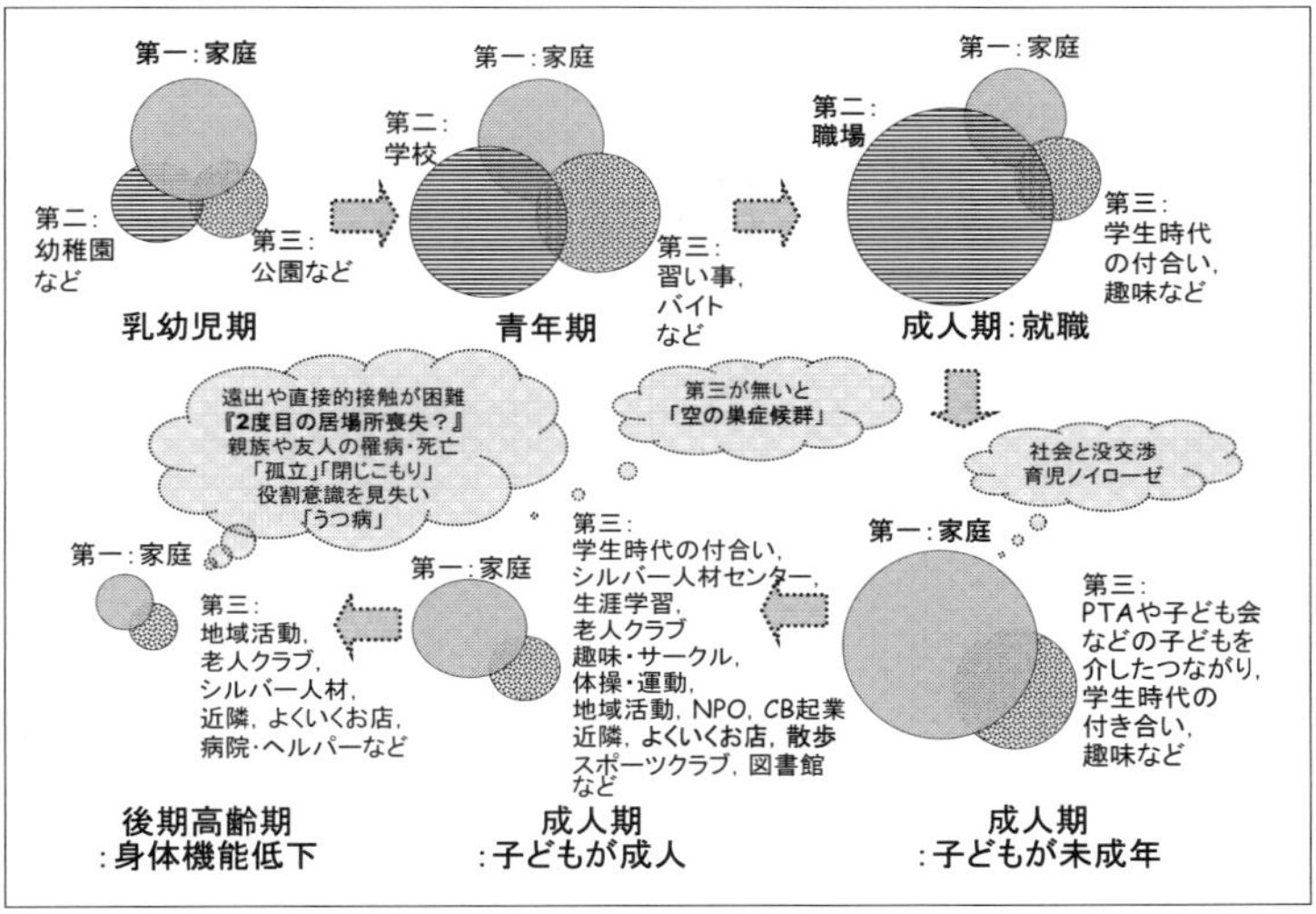

図２：居場所の移り変わり〈都市部の主婦〉（筆者作成）

する時期といえます。第三の円がほとんどないなかで、「家庭」に唯一の居場所を求めて配偶者のあとをピッタリと張り付いて離れない、これが「濡れ落ち葉」や「わしも族」のゆえんといえます。

また、豊富なつながりをもつといわれている女性でも、居場所を見失い、喪失感に思い悩む時期が存在します。とくに、専業主婦として生活し続けてきた女性の場合、四〇～五〇代に子育てという大きな役割を終え、重要な居場所である家庭の比重が急激に小さくなります。同時に、子どもを介しての社会活動や人間関係（＝第三の居場所）も縮小していきます（図2）。この時期に学生時代のお付き合いを復活させたり、興味や関心に基づく活動に参加して新たな仲間ができたりと、第三の居場所を新たに創り出す人の多い反面、子ども抜きで近隣との関係を再構築できないまま地域社会に埋没し、うつ病などを罹患する人も少なくありません。さらに男性に比べれば少数ではあるものの、定年を迎えるまで働き続ける女性が増加傾向にあるなかで、定年退職を機に第三の居場所探しに悩むのは男性だけではなくなっています。就労経験をもつ中高年女性を対象に筆者らが行った調査[*1]では、二〇〜三〇代で結婚を機に離職した方々に比べ、現役時も退職してからも地域との関わりをほとんどもっていない傾向が見られました。また、新たに地域で居場所を創り出そうとしても、地域活動は主婦であった女性が主体になっており、自治体の退職者講座は男性を想定しており、きっかけを得にくいという悩みを有していました。今後も増えつつある生涯独身で働き続けてきた「おひとりさま」の女性は、上述の定年退職男性や専業主婦よりも高齢期に孤立するリスクの高い存在といえます。

二〇一一年に開催された第二〇回高齢社会対策会議〈内閣府政策統括官〈共生社会政策担当〉〉では、「高齢者の居場所と出番〈＝社会的な役割〉をどう用意するか」「高齢者の孤立をどう防いでいくか」「現役時代からどう高齢期に備えができるのか」という三つの検討課題が提示されています。これら三つは相互に関連していることからも、「第三の居場所を、青年期、中年期から高齢期まで途切れることなくつなげていくための支援」は、定年退職・子育て終了後に家庭〈＝第一の居場所〉に閉じこもり、地域社会に埋没した先に待つ孤立の防止につなげることと言い換えることができるのではないでしょうか。今後、豊富な知識や経験をもつ高齢者が地域の課題を解決していくことは、高齢期も輝ける第三の居場所と出番を創り出すのみならず、地域全体を住みよい居場所としていく相乗効果が期待されます。

実際に、地域社会の主役として活躍する高齢者が増えつつあります。内閣府により行われた「平成二三年度　高齢者の居場所と出番に関する事例調査[*3]」では、高齢者によるコミュニティビジネス、地域活性化、被災地復興、買い物・生活支援、介護予防・福祉、世代間交流、ボランティア活動などの多様な居場所と出番のあり方を提示しています。高齢者の地域での居場所と出番づくりは、増加していく青年・中年層に増えつつあるいじめや幼児虐待といった問題にも密接に関連しており、「第三の居場所づくり」は多世代で共に取り組むべき課題にもなっています。ここに、自治体や公的機関ではなく、住民自らの手で新たなあり方を提示したのが「荻窪家族プロジェクト」です。

このプロジェクトの具体的な形として誕生した住宅「荻窪家族レジデンス」が創り上げられるまでの過程、使われ方は改めて第二章、第三章で示していきますが、この大きな特徴は、多世代の多様なつながりに加え、住む人も使う人も、受け身ではなくプロダクティブ（＝単に自らの楽しみにとどまらず、他者になんらかの力を提供する）な関わり方、「出番」や「役割」を見出せる居場所づくりをめざしていることです。多世代・地域開放型の共同住宅としてオープンして一年、荻窪家族レジデンスは、百人百様にある楽しいこと、好きなこと、ちょっとした余裕を誰かとシェアする居場所として、関わる人すべてが出番をもち、主役となる地域づくりの拠点としての役割を担いつつあります。

＊1——二〇一〇年一一月、東京都江戸川区に立地する大規模集合住宅の三団地で、高齢社会に

関する調査票を全戸配布（有効回収率二二・一％）。回答者の年齢分布は、六〇代（三九・四％）が中心で、七〇代（二五・四％）、五〇代（一五・四％）と続いていた。

＊2――Oldenburg, R: *The Great Good Place: Café, Coffee Shops, Community Centers, Beauty Parlors, General Stores, Bars, Hangouts, and how They Get You Through the Day*. Paragon House, 1989.（忠平美幸訳『サードプレイス：コミュニティの核になる「とびきり居心地よい場所」』みすず書房、二〇一三年）

＊3――内閣府：平成二三年度　高齢者の居場所と出番に関する事例調査（二〇一一）。

二――荻窪家族プロジェクトの特徴と意味〈ハードから見て〉

◉連 健夫

使いやすく愛着のもてる建物にするための参加のデザイン

「荻窪家族レジデンス（建物の名称）」の設計における特徴として、参加のデザインがあります。「荻窪家族プロジェクト（全体の名称）」において〝参加〟は、建物や設備といったハードのみならず、仕組みや使われ方といったソフトにおいても貫かれている大切な基本概念です。建設にあたっては設計段階と施工段階の二つのプロセスがありますが、そのいずれにおいても参加の機会を設け、施主や協力者たち、皆で一緒に荻窪家族レジデンスを創ったのです。

参加のデザインは、荻窪家族プロジェクトのように、建てるべき建物のイメージが明確でない場合にも対応できる設計手法です。ワークショップをして多くの人が関わり、与条件を付加し調整しながら、少しずつ建物のイメージを明確にしていく探究型の設計プロセスです。これは建物用途が最初から明確な一般的な設計手法、すなわち目的型の設計プロセスとは異なります。このことについては第四章の二「新しいビルディングタイプに適した参加のデザインの有効性とその力」（一七〇頁）で詳しく述べますが、ここでは参加のデザインによって荻窪家族プロジェクトのハードに関して何が得られたかを挙げます。

設計プロセスにおける参加のデザイン

①施主にコラージュをつくってもらいデザインキーワードを得る：コラージュを用いた設計はユング心理学における創造性をヒントにした手法です。施主の深層心理における要望や嗜好がコラージュによって表出し、それを手がかりにして設計します。施主である瑠璃川正子さんのコラージュは家族の写真が丸く切り取られて貼られ、周りにコメントが書かれ、それらをカラフルなクレパスで丸く囲んであり、温かで優しい感じがします。ご主人の瑠璃川崇《みつる》さんのコラージュは、建物の写真が構造別に整理されて貼られ、律儀でしっかりとした感じがします（五九頁参照）。お二人のコラージュから得られたデザインキーワードは「開かれた場、人のつながり、地域、ルーツ、安心安全、建築への信頼感、整然と中心性」であり、これを設計の最初の手がかりにしました（写真1）。

②コアメンバーとのミーティング（コアミーティング）**でコンセプトと設計条件を明確にする**：当初のコアメンバーは瑠璃川さんご夫妻と、よき理解者である澤岡詩野さん、島村八重子さん、河合秀之さんです。それぞれ老年社会学や介護、福祉の専門性をもっている頼もしい協力者たちです（写真2）。具体的な建物のイメージはないのですが、ミーティングで話される中身は設計のコンセ

写真１：瑠璃川正子さんからコラージュの説明を受ける。

写真２：コアミーティングで何度も打合せ。

プトにつながる大切なものでした。

大きくは二つあり、一つは「地域に開く！」です。このためのスペースとして〝集会室〟、ここでは荻窪暮らしの保健室や子育てサロンなどの活動が行われます。〝ラウンジ〟、ここは百人力サロンメンバーがくつろぎ、談話する場であり、勉強会や説明会など多様に使われる場となります。〝アトリエ〟、これは大工仕事や工作などモノづくりの場です。アトリエはコアミーティングで河合さんから提案されました。皆でワインを飲みながら「それはイイね！　面白そうだ！」と賛同し生まれた場です。二つめは「居住者に出会いの場をつくる！」です。二階の中心に居住者専用のラウンジを設け、安心してくつろげる場にすることです。各住戸にミニキッチンはあるのですが、一緒に料理をして食事しよう、といったときにここを使うことができます。浴室を共用にすることによって、浴室を通しての出会いが生まれます。

興味深いことがありました。当初の提案ではオーナー住戸に浴室を設けていましたが、瑠璃川さんから「私たちも共用の浴室を使うので、他の住戸と同様にシャワー室を設けてもらえばよい」との申し出があったのです。一般には共用の浴室がある場合でもオーナー住戸には専用浴室を設けるのですが、そうではない。これも新しいビルディングタイプにおける驚きの一つでした（写真3、4）。
③**ワークショップでコンセプトを共有する**：このようなプロジェクトは既存事例がないだけに、入居者やメンバーを募集するにしても、口コミで拡げることが必要です。そしてこのコンセプトを共有すること、よりよくするためのアイデアを生み出すことを目的に、月に一度のペースで意見交

写真4：二つの展望浴室は共用、オーナーも利用する。

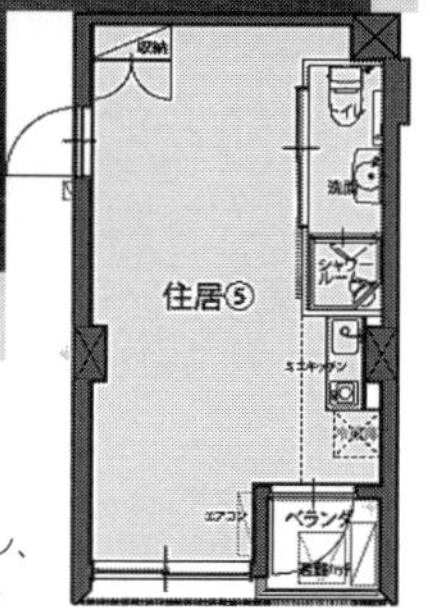

写真3：各住戸は25平方メートル、手洗、トイレ、シャワー、ミニキッチン付ですべて異なるプラン。

換のワークショップを実施しました。グループに分かれてディスカッションをし、発表するというやり方で、テーマは「荻窪家族プロジェクトで何を求めるか」「地域にどのように開くか」「介護や生活サービスをどう考えるか」などです。興味深かったのは、「家に帰ってきたときに、お帰りなさい、といってもらえるような人間関係がほしい」というコメントです。ラウンジで誰かがワインを飲んでおり、「もしよかったら一緒に飲みませんか」などの声かけがあるような安心できる関係や帰属感がほしいとのことです。この関係性が生まれるべく、メイン動線の近くにラウンジを配することが大切な与条件となりました。

施工ワークショップで人のつながり、皆でつくったという意識が生まれる

設計プロセスのみならず、施工プロセスにおいても参加の機会をつくりました。具体的には、①タイルの絵付けワークショップ、②タイル並べワークショップ、③塗装ワークショップ、④ウッドデッキワークショップです。

①タイルの絵付けワークショップで手づくり感を付加する：タイルの絵付けワークショップは、陶芸家の澤岡織里部《おりべ》さんに協力していただきました。タイルの粘土には敷地の土を混ぜました。一五センチ角のタイルに絵付けを行い、焼いたあとに一階の玄関ホールとラウンジに貼るのです。意見交換のワークショップのあとに実施しました。二種類の絵付け方法があるので、それぞれの趣を楽しむことができました（写真5）。

②タイル並べワークショップできれいに配置する：絵付けしたタイルを織里部さんに焼いてもらい、できたタイルを玄関ホールとラウンジに並べます（写真6）。実際に貼るのはプロの左官です。

タイルの絵付けもタイル並べも、いわば素人のデザインと配置です。スマートさはありませんが、そこには素朴さや温かさがあります。それぞれのタイルには作者の想いが込められています。「これは私のつくったタイルです！」と会話が生まれるきっかけになります。建築そのものはプロである建築家が設計したもので、タイルは素人がつくったもの、そのコントラストが空間の雰囲気に多様性を生み出しました。

③塗装ワークショップで皆でつくった感を共有する：壁と建具を桐油で塗装します（写真7）。桐

写真5：タイルの絵付けワークショップ、陶芸家の澤岡織里部さんにご指導いただく。

写真6：タイル並べワークショップ、自分が絵付けしたタイルの位置は大切だ。

写真7：塗装ワークショップ、皆で分担して木部に桐油を塗る。

油は、透明で浸み込み型の塗装材なので、塗りむらがめだたないよさがあります。また、植物性オイルで体に悪さをしないなどの特徴をもつので、ワークショップに適しています。二〇人程度の参加者があり、一日で塗り終えました。

お昼ごはんは各自弁当などを持参して二階のラウンジで一緒に食べました。「うまくいった?」「難しい」「こうすればいい」など、ここでも会話が生まれます。関屋さんが自分でつくった巨大プリンをデザートで振る舞いました。歓声があがります。これもワークショップの楽しみの一つです。

④ウッドデッキワークショップで技術を学び合う：集会室とアトリエの前にウッドデッキをつくります。準備が大切です。必要な材料を手配し、二日間の段取りを決めます。八人の参加者でうまくつくることができました。瑠璃川さんのご主人は大工仕事が得意で、皆の手本となります。学生の参加者は、見よう見まねでご主人の大工仕事を学んでいました。これもワークショップのよさです（コラム「ウッドデッキづくり」参照。一〇三頁）。

高齢者住居にとって必要な外部とつなげる空間構成

高齢者にとって外からの刺激は大切です。建物の中から外の様子が見える、外部で作業ができる、地域の人が訪れる、などによって刺激が得られ、社会性が維持できるのです。

具体的には、二階の各住戸における大きな窓とベランダ、住戸入口前のホールとルーフテラス、大きなトップライトのあるラウンジ、屋上庭園、一階のウッドデッキや住戸前のテラスです。トッブライトや窓といった開口部からは、自然採光、通風のみならず、空や雲、月や星も見られます。気持ちのよい空間づくりは大切です（写真8、9、10）。

各住戸に多様性をもたせる

すべての住戸は約二五平方メートルですが、各住戸は異なる平面形とし、仕上げも変えて、多様性をもたせています。賃貸住宅であるがゆえに、この住戸は気に入らないが、この住戸は好きだ、といった具合に入居者の好みの多様性に応えているのです。しかし、洗面とシャワーブースとトイレは一つのユニットとして設計し、ミニキッチンとともに各住戸共通で設けています。壁、天井の仕上げは、塗装、クロス、木質、仕上げなし、の四種類としました（写真11、12、13）。仕上げなしについては、入居者の好みで自由に仕上げを選ぶことができます。また、仕上げなしでも問題ないという入居者には入居時の費用を安くする工夫も取り入れています。

シェアすることのメリットを活かす

この建物は大きなシェアハウスととらえることができます。各住戸はシンプルにして、共用部分を充実させているのです。共用部分はすべての居住者が利用することができるので、住戸面積＋共用部分面積を生活空間ととらえることができます。この共用部分には、居住者の共用部分と地域開放部分とがあります。居住者の共用部分は一階の洗濯室と二階ラウンジ、三階の展望浴室で、地域

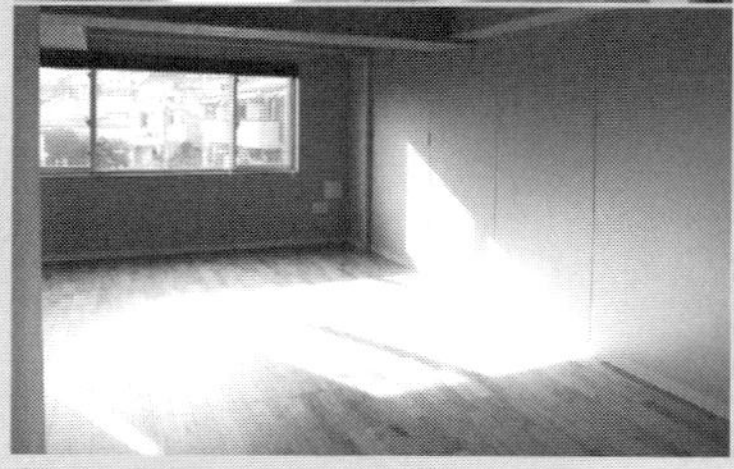

（左上）写真 11：クロス仕上げの住戸。
（左中）写真 12：木質仕上げの住戸。
（左下）写真 13：仕上げなしの住戸（仕上げの種類が選択できる）。

（右上）写真 8：各住戸ユニットの入口前にはホール、ルーフテラス。
（右中）写真 9：二階中央にはトップライトの大窓で明るいラウンジ。
（右下）写真 10：景色が楽しめる屋上。

写真 15：一階集会室。子育て支援、保健相談、ミーティングなどで利用。

写真 14：一階ラウンジ。お茶を飲んだり、談話したり、講演などで利用。

開放部分（ラウンジ、アトリエ、集会室）は一階の西側にまとめて配するというわかりやすいゾーンニングとなっています（写真14、15）。

雨水による省エネと癒しの効果

二階中央に位置するトップライトの大窓があるラウンジは、荻窪家族レジデンスの特徴の一つです（写真16）。空が見え、日差しがさんさんと入る、明るくて気持ちのよい場所です。しかし、夏は太陽光で暑くなりすぎる恐れがあるため、雨水散水による水冷システムを用いています。雨水を地中に設けた貯水槽に溜め、必要に応じてポンプアップしてトップライトに散水するシステムです。このことにより冷房負荷が下がるとともに、流水のゆらぎによる癒しの効果があります。晴れの日は、流水のゆらぎが壁に映り、美術館のような雰囲気を醸し出します。

写真16：トップライトには雨水を散水、冷房負荷の軽減と水のゆらぎの癒し効果がある。

事前リノベーションで共用部を使いやすくする

着工したあとにも、共用部分をさらに使いやすくするためにワークショップを実施。これに若手建築家グループ、ツバメアーキテクツが参加しました。これは工事完工の事前に設計内容を変更する改修行為であり、事前リノベーションといえます（第二章の四「事前リノベーション」参照。八一頁）。この実施のために新たな設計料を発生するわけにはいかないので、完工時における入居者数に応じた成功報酬という形をとりました。

三度のワークショップを実施し、得られた知見をもとに若いアイデアが活かされました。集会室とラウンジの壁に黒板塗料を塗り、壁を黒板化することにより、ミーティングに利用したり、予定を記入することができるようにしました。アトリエの壁に有孔合板を用いて、工具を引っ掛けて整理できるようにしました。二階の廊下の床と壁を色分けしてメリハリをつけたり、それぞれの共用部に合った家具をデザインしました。コストの増減については内装材の変更や納まりを検討して調整しました。彼らとコラボレーションするなかで、当方のスキルを伝えることになったし、若い感覚に刺激を受けることもありました。これも多世代交流のよさです。

現在進行形、余白のあるデザインで参加の機会をつくる

使われ方やルールについても、設計プロセスと同様、ワークショップのなかで検討し決めていきました。これは、決めすぎるのではなく、余白をもたせることにより、途中から参加したい人も参

写真 17：my 書棚。自分の好きな本、楯などを並べてアピール、お酒のボトルも可。

加意識がもてるようにしているのです。

建物においても設計しすぎないことに留意しました。住み手による付加、変更を可能にすることによって、完成後のさまざまなニーズに応えることができます。具体的には、仕上げをしていない住戸を設ける、外壁に制作タイルを貼る余地を設ける、などです。北側外部スペースは自転車置き場や倉庫設置などの余地となっています。また庭や屋上についても細かいデザインはせず、将来のアイデアに委ねています。階段やラウンジに設けた棚は、メンバーや居住者によって、本を置いたり、飾り棚としたり、さまざまな使い方が考えられます。これも余白のデザインといえます（写真17）。

完成後に瑠璃川さんのご主人とお酒を飲みながら、「ウッドデッキのエアコン、木の格子で隠したいですね。一緒につくりましょう」ということになり、図面を描き、材料リストをメールで送りました。そうしたら、いつのまにか、ご主人がしっかりと日曜大工でつくってくださいました。つまり、現在進行形なのです。

安心安全な建築、リーズナブルなコストを生み出す仕組み

ご主人のコラージュには構造別に建物の写真が貼られていました。安心安全の意識が感じられます。そのためには設計者と施工者を別にすることが大切です。設計者は図面通りに工事されているか否かを監理し、問題があれば指摘します。これは施主でも施工者でもない第三者監理という仕組みですが、このことにより工事側に不良工事が生じない抑止力が働くのです。しかしながらほとんどの集合住宅はデベロッパー（開発業者）のワンパッケージのなかで建設されており、設計と施工が一つの組織で行われています。ここに甘さが生じるのです。荻窪家族レジデンスは建築家である一級建築士事務所が設計しており、施工会社とは別な組織です。設計には設備設計事務所と構造設計事務所が協力し、建築については連健夫建築研究室、設備関係は島津設計事務所、構造については造研設計が、それぞれの専門性において監理をします。これが安心安全を担保する仕組みなのです。

コストについては、詳細図を含む設計図書を作成したあと、それをもとに四社において相見積もりをします。競争原理が働き、質を下げずに一〇％程度コストは落ちています。次に、予算に合わせてコストコントロールを行います。この方法は第二章の三の⑦「実施設計、コストコントロール、建設会社選定」（六九頁）で詳しく述べますが、減額リストを施主と共につくって再見積もりを行い、価格交渉を経て予算に合わせるのです。当プロジェクトでは当初見積もりから最終的に一五％のコストダウンとなりました。これは当事務所の設計監理料を上回っており、「建築家に頼むと設計料などコストが高くなる」という言葉はここでは当てはまらないことがわかります。

コラム●介護者から荻窪家族プロジェクトまで

島村八重子

瑠璃川さんから、自宅の土地を使って何かやりたいという思いをはじめて聞いたのは、今から一三、四年も前のことでした。

当時、瑠璃川さんはお母さんの介護真っ只中でした。最初の構想は、介護をする家族に視点を合わせたもので、数家族が住めるメゾネットの住宅でした。二階に家族が住むスペース、一階に要介護者が住むスペースを確保し、夜間は共同で一人のヘルパーに来てもらってケアをお願いする、というものだったと記憶しています。

「夜、ゆっくり眠りたい」というのは介護者共通の願いです。夜間だけヘルパーに見てもらえないだろうか……というのも共通の願いです。でも、夜通しいてくれるヘルパーを頼むには相当の金銭的な負担がかかります。だから、数家族で「ケアをシェアできる家」という発想でした。

それから、思いはどんどん発展していきました。当初のような「介護を閉じた空間で完結させる」という発想から、「地域のなかでの介護」へ、さらに「介護を受けるようになっても地域の住民として暮らす」という思いへ……。

その過程で、一緒にたくさんの先駆的といわれる住まいを見学に行きました。さまざまな住まいを見て歩くなかで、それぞれが自立しながら自然に助け合う関係性が大切だと気づき、一方で住宅に高齢者だけが住むということに違和感を覚え、さらにたくさんの人と意見交換をし考え方を共有して、そうして荻窪家族プロジェクトの現在の形に行きついたのだと理解しています。

介護は身近にない人にとっては三人称の世界です。それが介護をする立場になると二人称になります。やがて一人称となる日が来ます。

三人称からいきなり一人称になると大慌てするかもしれません。でも、二人称を経験すると、やがて自分も介護を受ける立場になるということをじわじわと実感します。

瑠璃川さんのこれまでの道筋は、まさに二人称から一人称への変遷であり、荻窪家族プロジェクトは、瑠璃川さんが自分事として老後を考えた集大成といえるものだと思っています。

荻窪家族プロジェクトは、これから地域のなかでとても大きな役割を担うようになるだろうと思います。高齢者が増え、子どもが減り、公的な制度は後退していきます。「困ったら誰かが何とかしてくれる」なんて甘い考えは捨て、自分で考え、自分で自分を支えてくれる人間関係を育み、ネットワークを築いていくことが、切実に求められる社会になります。

そんな世の中で、荻窪家族レジデンスはきっと、地域の人たちの出会いの場、人間関係を育む場、ネットワーク構築の場となるでしょう。

瑠璃川さんという小さな個人が踏み出したこの一歩は、実は社会にとってはとても大きな一歩となるものだと思います。

第二章

設計・建設の歩み

一 ── 建設へのきっかけ

◉瑠璃川正子

はじめに、この荻窪家族プロジェクト構想（以下、荻窪家族あるいは荻窪構想）がどのように出来上がっていったかをお話しするのですが、両親からこの荻窪（有限会社荻窪不動産所有の不動産で賃貸業をしていくこと）を受け継ぐことは決まっていたものの、よくよく考えると私はぼーっとした主婦でありました。

そのぼーっとした主婦が、小さいときからの両親の考え方、社会人になってから、結婚してから、育児をしてからのさまざまな経験を積み重ね、とくに過去の介護などの経験も入り、また出会った友人知人たちの考え方を学んで、私なりに考えはじめていき、それが私の思いすべてを形づくっていったように思います。

両親からの二つの教え

両親からの教えは大きく二つあります。戦争体験も影響し、女の子としては通常のものではなかったように思います。

その一つは教育です。姉二人（姉は三人いたのですが、三女は栄養失調で死亡。三八度線近くに埋めてきたそうです）とともに北朝鮮の羅南《ラナム》から三八度線を徒歩で通過し、命からがら栄養失調、乞食同然で帰国した母と、北朝鮮で捕虜となりソ連のエラブカに連れていかれ、幸いあとから帰国できた父が再会でき、四〇過ぎで生まれたのが四女、それが私です。ですので、女の子でも技術を身につけ、物理的にはがそうとしてもはがされない教育をするのは、両親ともに一致した考えでした。そのため、薬剤師資格を姉たちとともにもっています。

もう一つは会社です。父の帰国後の働きで手に入れた土地建物を有限会社にしていたので、それを受け継ぐようにとの教育をしていました。父自らの講義もあり、簿記も勉強しなさいといわれたのでかじりましたが、本当にわからなかったです。会計事務所にも期末の計算が終わると行かされ、だんだんに現金出納帳をつけるようになりました。このようにお手伝いから始まったことですが、大企業でもこんな会計をしていることがわかってきました。

また当時、普通の家ではあまり好まないとされている株式、パチンコなどに対して、よくないというような違和感はありませんでした。よく父と一緒にパチンコに行き横で一緒にしていましたし、毎日曜日、日経新聞株価をグラフにしていましたので、株自体が悪いものでないどころか、四季報には会社の内容などが書かれていることも自然に知っていました。

父は勤勉な明治生まれの九州男児で、とても怖く威厳のある父親でしたが、最後に生まれた孫のような四女の私を連れて、逗子に海水浴に行ったり、是政（多摩川）に投網をしに行ったり、小学校の前で売っていたヒヨコを飼うことを許し、寒いときには裸電球で温め、大きくなったら鳥小屋をつくってくれたりと遊んでくれました。

父は九大出、母は女子師範学校出という優秀な両親なので、子どもにも期待していたのでしょうが、全員女の子で、まして姉たちは別として、私は昼寝が何より大好きな普通の成績の子です。ちょいと期待はずれだったと思います。

それとは別に母は、自由学園創始者の羽仁もと子の『婦人之友』を購読していたので、これもなんとなく社会人になってから友の会に入り、家計簿の付け方、予算の立て方なども知り、家庭の家計は一番小さい会社であることにのちに気づかされました。

このように、両親の考え方や教育が今の私につながっているのです。

両親の介護

さて、父母ともに明治三九（一九〇六）年生まれで、母が最初に全面的に介護生活になったのは、たしか九〇歳のとき、一九九六年の退院からだったと思います。隣のアパートには姉の家族と私の家族が住み、地方にもう一人の姉の家族がいて、入院先の看護師さんが退院後も訪問してくださっていたので、姉二人とともに家政婦さんを頼みながら介護に入っていきました。

措置の時代で、当時の福祉事務所は各担当者の裁量が大きく、区の職員であるのに区民が来ても無視したり、三時でもないのにお茶したりで、そういう態度に違和感がありました。退院時、余命は少ない……と医師も家族も思い、本人は自宅に帰りたいと懇願もあり、膝が拘縮していて立てないままでの退院でも、一時だから……の考えでしたが、実際問題、トイレ・風呂・ごはん・おやつなどの手筈・用意・実施・始末はすべての時間を捧げないとできないものでした。これがまた厄介で、あとがない母に対して、望んでいることはしてあげたい気持ちでいるのですが……自分の首を絞めていくものにもなるのでした。恵まれた環境であっても、ボディブローは効いてきます。

二〇〇〇年には制度となった介護保険も始まり、すっきりとした形で介護を進めることができるようになってきました。同年、朝日新聞の論壇に島村八重子さんの「ケアプランを自分で立てよう」という投稿が載りました。二〇〇一年には日経新聞にも島村さんの記事が載ったので、問い合わせし、島村さんと近くで会っていただきお話ししました。その後、島村さんが「全国マイケアプラン・ネットワーク」を組織化したので入会、この会で島村さんの考えを身近で聞き、またいろいろな考えの人の話を聞いたり対応していく姿も見て、影響を受けました。会合にはできるだけ出席して情報を得るように努めました。世の中の介護保険に対する動きに対し、利用者の立場からの考えを聞き、しかし利用者エゴではなく、制度全般を見て自立した大人の利用者になることが大事である、などの話も聞いて、とてもいい感化を受けました。

二〇〇二年に母は亡くなりました。このころからでしょうか、タイプの違った施設が次々にできましたので、マイケアの友人たちと見学の手配をして見に行きました。有料老人ホーム、COCO湘南などなど。ベネッセケアのランク別四施設をバスをチャーターして見学もしました。

二〇〇八年ごろ、今度は父が、入院が大きなきっかけになり、病気は治ったものの認知症が強くなった状態で退院してきました。

認知症であるからといって、いつも認知症のなかにいるわけではなく、普通の人と何ら変わりがないときや判断能力がしっかりしているときもあること、しかし、しっかり認知症のときもあり、また身内は隠したい気持ちなども絡み合ったりして、理解度の差から（私は当時から認知症は誰でも年を重ねれば起こりうるもの、また年を取ると確率は高くなると理解していました）いろいろ困難がありました。

父の認知症対応がなかなか困難なので、看護師さんからのアドバイスで、青梅のほうから神奈川県まで、対応してくれる施設を姉妹三人で見学してきたことも荻窪構想にいい経験でした。

荻窪構想のめばえ

しかし、退院から三ヶ月ほど経つと、強い認知症は治まり、施設の話はなくなりました。だからといって自宅での対応が楽になったわけではありませんでした。この施設見学や週二回ほどのボランティアでの有料老人ホーム潜入、自宅へのヘルパーさんや家政婦さんの応援、段取りなどは、介護というものを自分に置き換えて考える機会となりました。

私は三人姉妹、主人は五人兄弟という家族力がありましたが、私たちが介護を必要になる時代には、子どもがいても少なく、勤務が多忙であったり、海外勤務で遠くであったり、親時代の家族関係ではなかったり、制度が薄くなったりが予想されるので、さまざまな世代の他人が心地いい距離感をもって助け合って暮らす住宅と地域交流により力を得ていく場所を構想しはじめました。

介護保険の食事づくりは本人分だけで、家族の分をつくることはできません。しかし、同居の夫婦や兄弟がそれぞれ介護保険を利用している場合は、一人のヘルパーが同時につくることができます。同じ工程で一人分つくるも二人分つくるも同じということで、片方のみの請求となります。それなら、他人同士だって集まって自費で食事をつくってくれる方に来てもらったらいいかも……とアイデアが浮かびました。

構想していく過程で、施設見学をしていると、同年代の高齢者ばかりしかいなくて、子どもを見る機会がないことに気がつきました。そこで、杉並区で地域大学というものが始まることを知り、「地域で子育て支援講座」を半年ほど受けました。私は、自分の子どもも育てているのですが、現在の子ども事情や子育て事情を知ることから始めたいと思ったのです。

このころより、お年寄りだけでなく、子どもも犬も自然界すべてのものが自然にそばにあることを望む、そんな家をめざした構想になっていきました。風が、犬の声や匂いを運び、季節を教えてくれる、誰がそばにいるかも教えてくれる。太陽や月は、季節を教えてくれる、時間も教えてくれる。今まで測ってきたバロメーターが電池切れのように狂っても、五感で感じることでバロメーターを修正できるような環境が大事と思うようになりました。これは父を見ていてわかったことでした。新聞や時計も修正にはとても役に立ちました。

古いアパートと母屋には、豊かな庭があり、土があり、池があり、昭和の感じそのものでした。この思いを実現するためには、数人でまとまって住めば、ヘルパーさんの問題も解決できる可能性があるし、お互いがお互いを気にしていれば簡単な問題は自分たちで解決できる、できれば年代がばらけているとなおいい、デイサービスも併設しようかな??

前にとったケアマネ資格を有効にしておくようにしたり、デイサービスの情報を仕入れたり……。しかし情報によると、小規模、単独のデイの先行きは暗いとのこと。現実も結構きびしく、肉体労働の割合が高く、介護保険の改定ごとに事業所は大変な思いをしているらしい……。

二〇一二年には小規模デイサービスの事業計画を立てましたが、採算的にも困難なことがわかり、キッパリとやめることにしました。採算が合わず大変な思いをするならば、デイサービスを考えていた広さを活かして、いわゆる互助となるような、楽しく地域で何かしらできる事業のほうがいいと思うようになったのでした。

NPO法人をつくる

一方、すぎなみ地域大学では、修了生が活動していく団体をつくろうということになったのです。これも、今まで先頭に立って何かをした実績のまるでない私でしたが、やりたいのに誰も言い出さないので、やってみたい旨を伝えて、賛同者のみで二〇〇六年一二月に「ちぃきちぃき」を立ち上げ、二〇〇七年八月にＮＰＯ法人化しました。その七ヶ月後の二〇〇八年三月末には、子どもの一時預かりの杉並区補助金事業「ひととき保育方南《ほうなん》」を引き受けることになりました。保育士資格をもっていたわけではないのですが、今の子ども事情を知りたくて、荻窪家族をつくるためにも、実力はないままでしたが、とにかく一生懸命、今までになく動きました。

その「ひととき保育方南」のオープンに、今日に至るまで力をたくさんいただいている、澤岡詩野さんが来てくださったのです。その後、冊子のインタビューをしたいとのことで再度お見えになったのですが、事業を始めて間もなく、スムーズに運んでいかないときでしたので、涙を出さんばかりか口からは毒しか出ないピーク時のインタビューでした。何を話したかも覚えておらず、ただただつらい時期であったことだけしか覚えていません。わかったことは、地域活動とはこんな感じが多いということ、しかし一致団結したときにはとんでもない力になるということでした。そして澤岡さんは、私を応援しますといってくださったのでした。その応援が本当に力強くあったからこそ、ここまでこれたのです。私は引き上げられたのです。

私の力は小さいながらも、地域の活動によって地域の知り合いがたくさんできていき、つながっていきました。声もかけてもらえるようになりましたし、イベントがあれば参加し、また知り合いができていきました。二〇〇九年一〇月、ＮＰＯ法人ＣＢすぎなみプラス主催のイベント「コミュニティビジネス入門講座」で、河合秀之さんと出会いました。他の事業のことでも会う機会が増え、社会人としての経験も豊富な男性としてアドバイスをもらいました。荻窪家族プロジェクト構想にも、大いに力を貸してくださり、支えになってくださったのでした。

見えない赤い糸に導かれて

二〇〇九年には父も亡くなり、今度は義母の病院付き添いや介護保険などのため、頻繁に西国分寺に通うようになりました。

二〇一〇年ごろ、新聞に載った小平の「ケアタウン小平」と宮崎の「かあさんの家」を島村八重子さんと一緒に見学しに行きました。そこで「かあさんの家」の市原美穂さんから新宿の「白十字訪問看護ステーション」の秋山正子さんを紹介していただきました。のちにこのトライアングルがすごいことになろうとは知らず、見えない赤い糸を探って行動していました。

さっそく秋山さんを訪問し、市ヶ谷にある事務所のビルの形態で杉並でもできないかと相談、荻窪構想にアイデアをいただきました。そのビルは、土地所有者が新宿区の補助金を受けて建て、新宿区が入居させる人を決められるフロア（生活困難者用等）とオーナーが決められるフロアに分けてあるのです。また秋山さんには、古アパートにもあの思い出深い雪の日に来ていただき、構想を聞いていただきました。翌年には秋山さんが新宿に開設した「暮らしの保健室」見学にも行き、荻窪にも暮らしの保健室がほしいと思いました。

二〇一〇年から義母も老健二ヶ所と特養でお世話になり、そして二〇一二年、最後は病院で九五歳で亡くなりました。いよいよ古いアパート二棟と母屋から、自分を支える百人力をつくれる場を備えた多世代居住の荻窪構想が本格的に動きだす時期になりました。

二〇一二年、澤岡さんより建築家・連健夫先生を紹介されました。私の思いを受けての形をつくってくださるかどうかをうかがい、私の思いに賛同してくださることになりました。これから、ただの絨毯が魔法の絨毯になって、次々に皆が乗り込んでくることになろうとは、そのときは想像もできませんでした。

建替え前の母屋とアパート二棟（2012年9月）。

二——専門家・賛同者としての関わり

◉澤岡詩野

「風のように行き交える場を創りたい！」

瑠璃川さんの熱い想いが、多世代・地域開放型の共同住宅「荻窪家族レジデンス」として完成するまでの過程は苦難の連続でした。かつてない形を求める建物であること、行政の縦割りの制度、銀行の融資担当の無理解など、一つの壁を越えるとまた壁が立ちはだかる毎日でした。この高くそびえたつ壁を乗り越える大きな力となったのが、瑠璃川さんの想いに吸い込まれるように集まる「人」でした。福祉、医療、経済、建築、地域づくりなど多様な専門家、実践家が瑠璃川さんの周囲に集まるなかで、皆に共通するのは、「助けたい」ではなく、「一緒にこの想いを実現したい」という、夢を一緒にする同志としての関わりでした。かくいう老年社会学の研究者である筆者もその一人で、二〇〇七年に瑠璃川さんと出会ってから今に至るまで、「助けてあげている」ではなく、「新たな地域の居場所を共に創っている」というワクワクを瑠璃川さんからもらい続けています。

筆者が瑠璃川さんと出会ったのは二〇〇七年、東京都杉並区の市民大学「すぎなみ地域大学」の公共サービス起業講座（敬老会館などの公的施設の管理委託を受ける市民団体の育成をめざす講座）でした。超高齢社会の地域づくり、居場所のあり方を模索する筆者は、企業退職者が地域活動の担い手として活躍するためのきっかけとして「すぎなみ地域大学」に着目していました。受講者の生きてきたそれまでの背景や想いをていねいに知るために、公園管理、子育て支援、介護予防サポーター養成など多様な講座があるなかで、とくに中高年男性の比率の高い公共サービス起業講座に参加していました。その当時は、企業退職者を調査対象としていたこともあり、瑠璃川さんと話すことはあまりありませんでした。

瑠璃川さんの熱い想いを知ったのは、講座が終了してしばらくた経って実施した、杉並区と特定非営利活動法人ＮＰＯサポートセンターで行った講座の成果を明らかにする調査でした。この調査は文部科学省平成一九（二〇〇七）年度「再チャレンジのための学習支援システムの構築」事業の一環で行われ、そのなかで筆者は修了生のインタビューを担当しました。ここでインタビュー候補者（受講者のなかでもとくにアクティブに活動を展開している人）の一人として「すぎなみ地域大学」の事務局から紹介されたのが瑠璃川さんでした。インタビューではおおいに盛り上がり、一時間の予定は二時間以上になり、終了したときには研究者という枠を越え、瑠璃川さんの想いに惹きつけられていました。

インタビューで語られたのは論理的に整理された内容ではありませんでしたが、一つ一つ一所懸命考えた末に発せられる言葉は、今の家族、地域社会の抱える課題を的確にとらえたものでした。住んでいる地域には、親の介護のときに助けてもらった家族以外のつながりがなく、ご自身が地域で生きて終わっていくためにも、このつながりを広げていく場を創りたいということ。これを、「犬も、子どもも大人も、誰もが風のように行き交えるような場をつくりたい」という言葉で説明されたのを今でも鮮烈に覚えています。このときのインタビューのまとめを以下に紹介します。

●親の介護を通じて考えた「自分らしく死ぬということ」●

「突っ走りすぎて、振り返れば誰もいなかったりして！」

瑠璃川正子さんが笑う後ろには、同年代の女性や、時には企業退職した男性の姿が……。彼女の周りには多種多様な人々が集まっている。

一つにとどまらない活動展開へ

二〇〇八年三月末の東京都杉並区方南町。降りしきる雨のなか、方南町で初の一時保育がオープンした。お揃いの黄色いトレーナーを着たスタッフたちの顔は、皆うれしそうであった。杉並区役所の子育て支援課課長のあいさつなど、来賓のあいさつのなかで繰り返された言葉は

「信じられない」「驚くべきスピード」などであった。これは、「NPO法人ちぃきちぃき」の代表を務める瑠璃川さんの行動力に向けられた率直な感想。おそらく、同じ感想を、共に歩んできたスタッフ自身も抱いていることだろう。

「ちぃきちぃき」は、瑠璃川さんを含む、平成一八（二〇〇六）年度すぎなみ地域大学「地域で子育て支援講座」受講者有志が二〇〇六年一二月に立ち上げたグループである。活動開始から八ヶ月というスピードで、NPO法人格を取得している。この過程で、彼女はNPOについて学ぶために、同地域大学で開講されている平成一九（二〇〇七）年度「公共サービス起業講座」を受講した。現在、この講座受講者が立ち上げたグループ、「ボルボック巣会」のメンバーとしても活動している。さらに、「ちぃきちぃき」と「ボルボック巣会」との間で、開所準備の手伝いやイベントのPRといった協力関係を構築している。

「ちぃきちぃき」は、この一時保育以外にも、親子リトミック（親子で曲に合わせて身体を動かす音楽教育）、親子でじゃがいもや大根を栽培する菜園、異文化交流を目的とした料理教室など、子育てに関するさまざまな事業を展開している。瑠璃川さんはこれらの事業を束ねる代表として区内を東奔西走している。

「子育て支援は、本当にやりたいことの一部でしかない」こう語る瑠璃川さん。本当にやりたいこととは何なのだろう？

学びを通じた仲間との出会い

瑠璃川さんは、薬剤師として一〇年間勤務後は、子育てに追われ、地域の活動にとくに関わることもほとんどなく、ほぼ専業主婦として過ごしてきた。そんな彼女に転機をもたらしたのは、親を介護した六年間であった。老いていくひとときひとときを幸せに過ごすためのヒントを得るために、民間の有料老人ホームに園芸ボランティアとして一年間通ったこともあった。

それなりの生活はできる。でも精神的な満足は低い。自分らしくという意味では、住み慣れた家で一人死んだほうがよいのではないか。

この疑問をきっかけに、自分のケアプランは自分でつくることをテーマに活動しているグループに参加し、勉強を開始した。親の介護を通じ、同じ疑問を抱いた仲間に出会い、終の棲家に対する一つの結論を見出した。

距離感を保って仲間同士で住む家を建てる。ここには、飼い犬も一緒に住めて、高齢者だけではなく、赤ちゃんがいたり、さまざまな世代が風のように行き来する。

このプランを実現するため、さまざまな高齢者住宅を見学するとともに、コミュニティビジネスなど関連がありそうな講座を受講しはじめた。勉強するなかで、学んだことを形にしたいという想いが日々強くなっていった。そんななかで出会ったのが、開講したばかりの「すぎなみ地域大学」であった。数多くある講座のなかで、最初から「地域で子育て支援講座」に狙いを定めたわけではなかった。多世代が集う終の棲家を考えるうえで、子どもについて学んでみよう。学ぶならしっかりとした内容のものがよい。この二つが受講を決めた理由であった。

学んだ知識はすべて新鮮で、充実したものだった。期待以上だったのは区の応援。担当者には今でも会いに行きたいと思うくらい。

子育て応援券のサービス提供事業者の育成が講座の目標であり、受講者有志で立ち上げたグループに対し、区の後押しは手厚いものだった。申請書類作成など事務手続きに不慣れな彼女たちに、子育て支援課はもちろんのこと、地域大学事務局も一体となって支援した。特定非営利活動法人（NPO法人）化に向けての動きのなかで「公共サービス起業講座」受講を決めた。

二〇〇六年　六月　すぎなみ地域大学「地域で子育て支援講座」受講
　　　　　　一二月　受講者有志でグループ「ちぃきちぃき」立ち上げ
二〇〇七年　五月　親子でリトミック講座を開始

六月　杉並区子育て応援券のサービス事業者として登録
　　　すぎなみ地域大学「公共サービス起業講座」受講
八月　東京都から特定非営利活動法人として認証

「公共サービス起業講座」受講時、法人化に向けて突き進んでいたものの、「ちぃきちぃき」のメンバーはＮＰＯについての知識をほとんどもっていなかった。瑠璃川さんがこの講座を受講したことは、代表として会が今後進むべく方向性を把握する重要な機会となった。さらに、子育てを終えた女性が中心の「ちぃきちぃき」は、力仕事や事務能力の面でも力不足であった。公共サービス起業講座受講者が立ち上げた「ボルボック巣会」との協力関係は、これを補うものであった。

「ボルボック巣会」は、一時保育開設に向け、住宅改装などの労力を提供。「ちぃきちぃき」は、地域でのネットワークが少ない「ボルボック巣会」の子育て支援関連のイベントに対し、育児中の母親へのＰＲを行う。また、「ボルボック巣会」の中心的なメンバーである男性は、「ちぃきちぃき」の事務を担う大黒柱として活躍中である。

そして、夢は、まだまだ大きく広がっている。

身体が自由に動く、これから一〇年のうちに、どこまでネットワークをつくり、終の棲家を形にできるかが大きな課題。

歩みの速さの反動に悩む日々

現在、急速な事業拡大のなかで、壁と向かい合っている。

ボランティアの意識をもつメンバーが多く、事業化、組織化について意識を共有する間もなく、ここまできてしまった。

「地域で子育て支援講座」修了者のうち、「公共サービス起業講座」を受講したのは瑠璃川さん一人だ。ここまで来たスピードの速さからもわかるように、団体として、またNPO法人としてのあり方について、完全に理解しているメンバーは少ない。

メンバー間で意識を共有し、組織としてそれぞれの役割を認識するための方法を模索し、日々奮闘している。

（出典：特定非営利活動法人NPOサポートセンター『文部科学省平成一九年度「再チャレンジのための学習支援システムの構築事業報告書（２００８）」』〈一部表記を変更して転載〉）

「ないなら自分で創るしかない！」

その後、子育て支援団体の運営者として区内を東奔西走されていることを伝え聞くものの、瑠璃川さんと個人的にお会いすることはないまま一年以上の時間が過ぎました。インタビューでうかがった理想の終の棲家はあくまで夢の中のお話なのかと思っていたある日、瑠璃川さんから連絡がありました。うかがえば、想いの実現に向け、必要な知識を身につけるためにさまざまな講座を受講したり先駆的な取り組みを見て回るとともに、建設会社や税理士、金融機関への相談をしていたとのことでした。先駆的な取り組みを知り、運営する人々と話すほどに、「ないなら自分で創らねばならない」という想いを強くされたようでした。

そこで、ご自宅（荻窪家族レジデンスが建つ前の母屋）で再会することになり、見せられたのが建設会社や工務店から出された数々の図面でした。どの案も「多世代」「地域開放」というキーワードは反映されておらず、ありがちな老人ホームやマンションに少し手を加えたもので、私まで悲しい気持ちになったことが今でも思い出されます。同時に、この瑠璃川さんの想いを、自分の想いとして、是が非でも形にせねばという覚悟が固まっていきました。まずは、新たな住まい方、それも瑠璃川さんの頭にある漠然とした想いを形にできる建築家を探すことから始めました。単に設計が上手なだけではなく、採算に合わないであろうこのプロジェクトに面白がって乗っかってきてくれる建築家として思い浮かんだのが、私のライフワークでもある居場所づくりでご一緒していた連健夫さんでした。

事はとんとん拍子に進み、夏の暑い昼下がり、連さんと瑠璃川さんとの面談が実現します。ようやく話をわかってくれる専門家に出会ったことを喜ぶ瑠璃川さん、長年感じてきた住まい方を施主とともに創り上げる幸運に胸躍らせる連さん、両者の面談は盛り上がり、あっという間にプロジェクトは動き出しました。最初のアクションとして、瑠璃川さんの想いを具体化するために、これまで瑠璃川さんが相談を重ねてきた自分らしく終わるための介護のあり方を突き詰める島村さん、子育て支援の活動を通じて出会った河合さん、パートナーの瑠璃川崇さんが招聘されました。ここに連さんと筆者が加わり、六名で、何度も何度も、時にはお酒を飲みながら会合が行われました。

基本的なプランが固まっていくなかで瑠璃川さんが感じたのは、地域のより多くの人々を巻き込んでいく必要性でした。そこで、それまで地域での活動を通じて培ったネットワークに声をかけ、プロジェクトの構想、面白さを話してまわりました。この当時、予算の制約もあり、プランは常に変化し、建設にこぎつけられない可能性も少なくありませんでした。そんな漠然とした状況にもかかわらず、街づくり、町内会・自治会、介護、子育てなど、多様な人々が、仕事としてではなく、個人としてプロジェクトに関わりはじめます。二〇一五年に建物として完成するまで、人が人を呼び、何十人、何百人もの人がプロジェクトに参加し、今でもその輪は広がっています。

瑠璃川さんは、プロジェクトに関わる人のつながり、ここから生まれる新たな展開を「魔法の絨毯」に例えます。「たくさんの人が関わってくれることで、私はたくさんの魔法の絨毯に乗せてもらっている。そのことで自分だけでは見えてこなかった世界を知ることができるの」といいます。

筆者自身も、瑠璃川さんの魔法の絨毯に乗ることで、たくさんの新たな世界を旅することができています。年齢、職種、居住地の異なる人々が、それぞれがもつ魔法の絨毯に乗り合うことで、双方が新たな力を蓄えることができる場、これが荻窪家族プロジェクトの魅力といえるのではないでしょうか。

三――建築家としての関わりと設計プロセス

◉連 健夫

①荻窪家族プロジェクト構想を聞く

澤岡詩野さんから荻窪家族プロジェクトの話を聞いたのは、いわき市豊間《とよま》地区復興支援の帰りの車中でした。澤岡さんとは、約一五年前、コンペのシンポジウムで出会ったとき以来、当方が講義を担当していた川崎市民アカデミーにゲスト講師として来ていただくなど、ところどころで顔を合わせる仲でした。

澤岡さんは建築出身の老年社会学の専門家というユニークな研究者で、「第三の居場所」を提唱しています。当方もイギリスで参加のデザインを学び、帰国後に建築のみならず街づくり活動をするなかで、「街の縁側づくり」を意識しており、共有するところがありました。復興支援についてもこの関係からの活動です。一、二ヶ月に一度の頻度でいわき市の豊間地区に行き、ワークショップを行い、帰りは真夜中になります。その毎回の車の中で、瑠璃川正子さんの荻窪家族プロジェクトへの想いを聞いていました。当方が興味をもったのは、建物の具体的イメージは明確ではないが、高齢者が生き生きと生活する場をつくりたい、との想いが感じられたからです。また福祉国家であるイギリスで学んだ経験を活かすことができるのではないかと考えました。

二〇一二年七月六日に瑠璃川宅を訪問しました。趣のある木造二階建の母屋と軽量鉄骨造の二階建アパート二棟があります。当方への設計依頼は、簡単にいうと、これらを建て替えてオーナー住宅と賃貸集合住宅にすることです。ブロック塀に囲まれ、第一印象としてやや閉鎖的、地震時に倒れる可能性がある、これは改善したいと思いました（四五頁写真参照）。

②コラージュの読み取り・感じ取り

瑠璃川さんご夫婦から設計を依頼されたときに、当方の設計手法である参加のデザインプロセスの話をしました。そのなかで施主につくってもらったコラージュから設計のヒントを得る方法を説明しました。瑠璃川宅を訪問した際に、澤岡さんも同席していただき、瑠璃川さんご夫婦のコラージュを通していろいろ話し合いました。

瑠璃川さんのコラージュ（写真1）は中央に丸く切り取った家族の写真が貼られています。その周りには、荻窪家族プロジェクトへの想い、家系図、昔の敷地の状況、周辺施設などのコメントが書かれ、それぞれの内容ごとにカラフルなクレパスで丸く囲まれています。全体に優しく、温かい雰囲気がします。ご主人のコラージュ（写真2）は、建物の写真が構造別に分類され、わかりやす

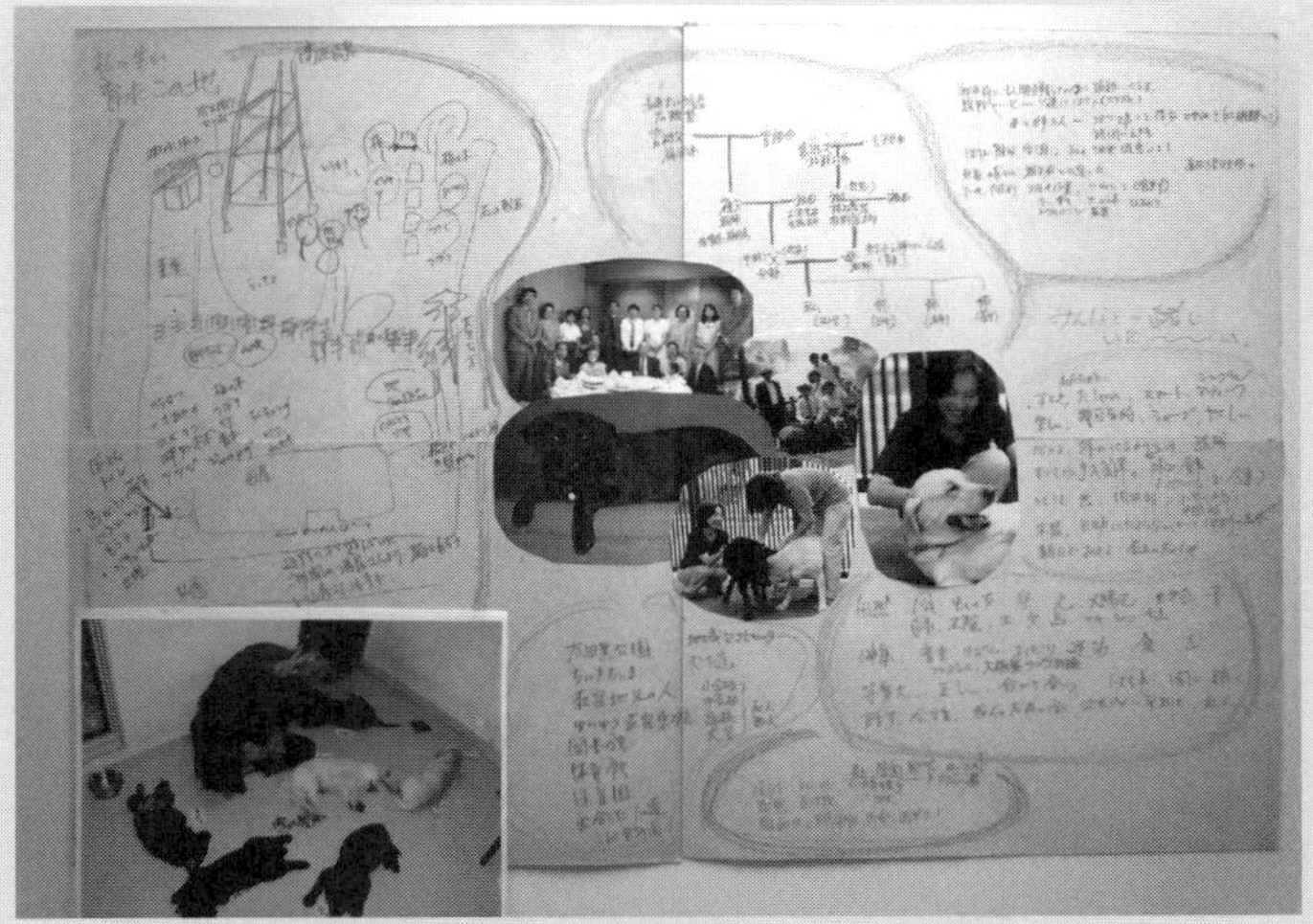

写真1：瑠璃川さんのコラージュ。

写真2：瑠璃川さんのご主人のコラージュ。

く整然と貼られており、当方の設計した作品もあります。建築に対する安心感と信頼感がありました。お二人のコラージュから得られたデザインキーワードは「開かれた場、人のつながり、地域、ルーツ、安心安全、建築への信頼感、整然と中心性」、これを設計の手がかりのスタートとしました。

③ブロックプランの検討

設計条件として、この建物は大きく、オーナー住戸、賃貸住宅、地域開放施設の三つで構成されています。これらを敷地の特性をとらえながらどのように配置し、建物をどのように計画するのかを検討するのがブロックプランです。

三つの案を考えて、コアミーティングで話し合いました。コアミーティングとは、瑠璃川さんの想いに賛同している方たちのミーティングで、当方が関わる数年前からの関係とのことです。メンバーは瑠璃川さんご夫婦、澤岡さん、島村さん、河合さんで、それぞれ老年社会学、介護、福祉などの専門性をもっています。瑠璃川さんご夫婦も薬剤師です。何度ものコアミーティングで、荻窪家族プロジェクトのアイデアが練られてきたのです。当方はこのコアメンバーに加わった形であり、数えてみるとミーティングは建物の完成までにトータル二七回行われました。

A案は賃貸住戸を並列に配した案、B案は賃貸住戸を二層に分けた案、C案は賃貸住戸を五戸ごとにユニットとしてまとめた案です（写真3、4、5）。それぞれの特徴を説明しました。いずれも建物全体は三階建、三階にオーナー住戸を配置し、地域開放部分は一階の西側に配置しました。三

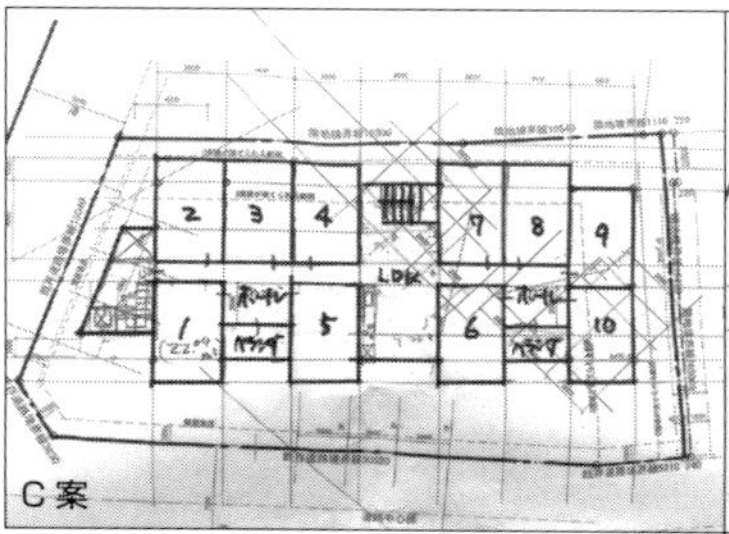

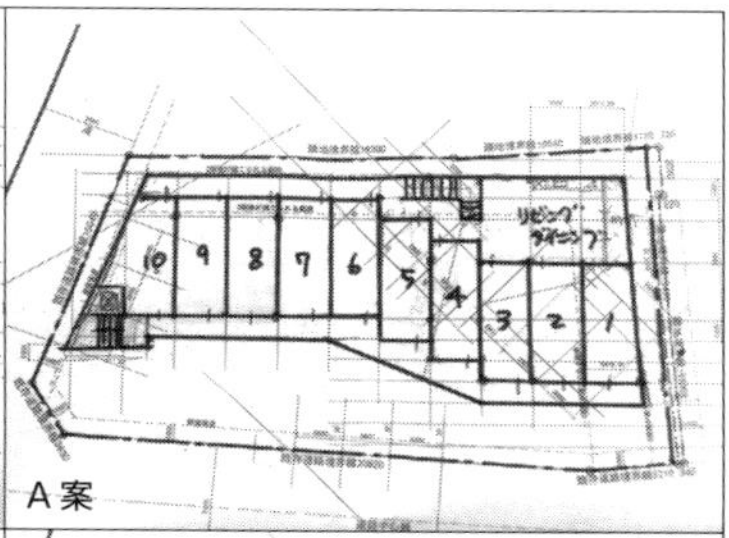

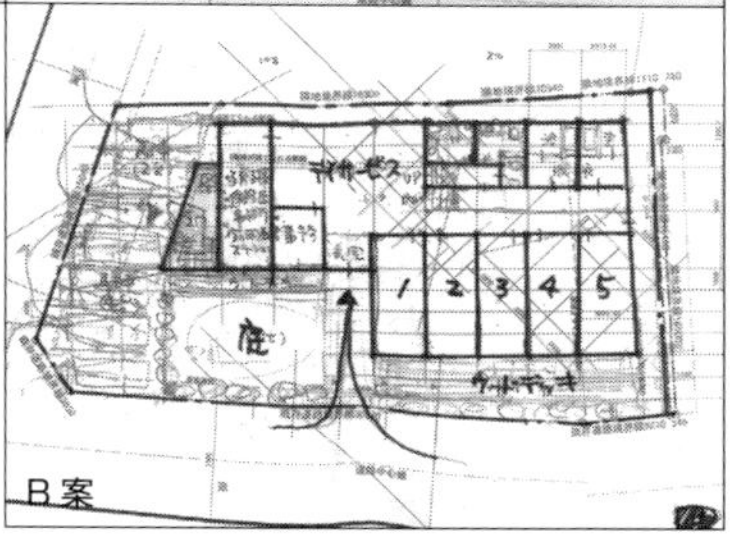

（右上）写真3：A案、各住戸を並列に並べたプラン。
（右下）写真4：B案、各住戸を二層に分けたプラン。
（上）写真5：C案、各住戸をユニットとしてまとめたプラン。

方向に道路があり南側に開いた敷地です。東側道路は戸建住宅への袋小路なので、西側に地域開放部分を配置するのは自然であり、また西南側には太田黒公園があるので地域に開かれた方向として相応しいと思われました。

コラージュの読み取り、感じ取りから得られたデザインキーワードを共有するとともに、三案を検討しました。話し合われたことは「地域に開くことの意味」です。高齢者が前向きに生活するためには、地域との関係が大切です。地域の活動が入ってくる、地域の活動から刺激を受ける、地域の活動に参加する、などにより社会との関係が維持できます。コレクティブハウスやコーポラティブハウスなどでよくいわれるのは、その建物内に良好なコミュニティはあるが、地域との関係が弱く、地域から孤立しがちな問題をかかえていると

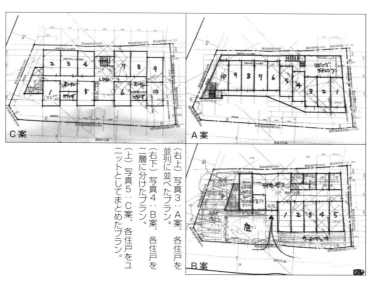

いうことです。このようにはしたくないね、地域との関係によって共助による介護ができる、など話し合いました。

コアミーティングで興味深かったのは、共用の浴室です。各住戸にはシャワー室を設け、浴室は共用にすることは当初の設計条件でしたが、オーナー住戸についても専用浴室を設けていました。瑠璃川さんは、「私たちも共用の浴室を利用します。他の住戸と同様にシャワー室を設けてくれればよいです」とのこと。一般的にはオーナー住戸に専用の浴室を設けるのですが、そうではありません。新しいビルディングタイプの設計であることを再認識しました。また三階のオーナー住戸への専用階段やエレベーターについても「皆と同様でよいです」と不要になったことも思い出深いです。

このコアミーティングでのやり取りには、スケッチやスタイロフォーム模型などを用いながら、形や空間を共有するなかで話し合いました（写真6）。これらのやり取りを通して、必要諸室が次第に明確になっていきました。また三つの案については、建物全体にメリハリがあること、各住戸に多様性が生まれること、ユニットごとにまとまりができることから、C案に決まりました。

④荻窪の街並に馴染むデザイン

敷地の用途地域は、第一種低層住居専用地域、荻窪の成熟した住宅街にあります。荻窪の駅から徒歩七分の便利な所で、駅前の賑やかな商店街とコントラストがあり、環境に恵まれた敷地です。この街並に合ったデザインが求められました。建物全体を単純な塊として配置するとボリュームが

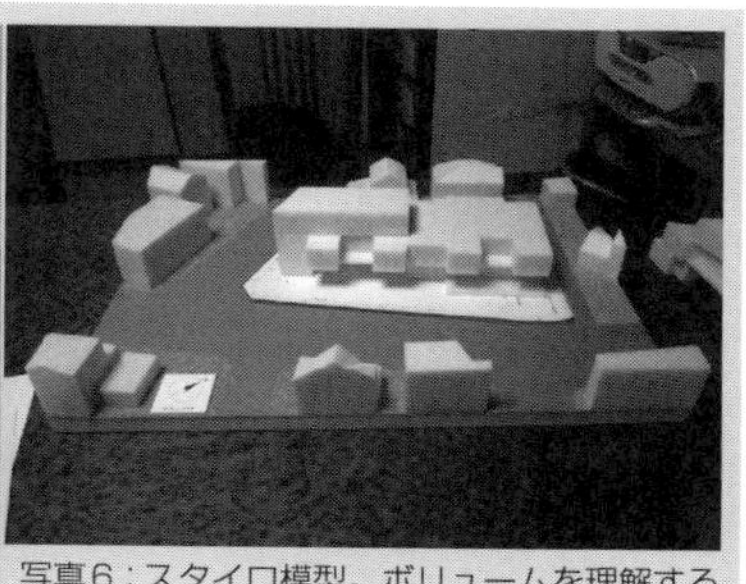

写真6：スタイロ模型。ボリュームを理解する。

（上）写真7：具体的模型。一階部分に広い外部スペースを確保。

（下）写真8：イメージパース。荻窪の街並に配慮した外観デザイン。

出すぎてしまいます。二〜三階の住戸とルーフテラスの配置によって、全体に凸凹感を出して、有機的な感じにするとともに、木の格子をアクセントに用いて、街並に馴染ませるべくデザインしました。一階部分は、できるだけ広い外部空間を確保するよう壁位置を下げ、二階部分をオーバーハング（せり出し）させ、特徴的なデザインとなりました。外周部にウッドデッキ、テラス、庭、駐車場などを配し、道路際を緑化して街並景観に寄与するとともに、オープン外構にして人を迎え入れるような雰囲気をつくるよう留意しました（写真7、8）。

⑤福祉施設でも集会施設でもなく集合住宅

平面計画として、一階の西側に開放系諸室として集会室、アトリエ、ラウンジを配し、東側には四住戸、二階の中央に居住者用のラウンジ、東西に五つの住戸ユニッ

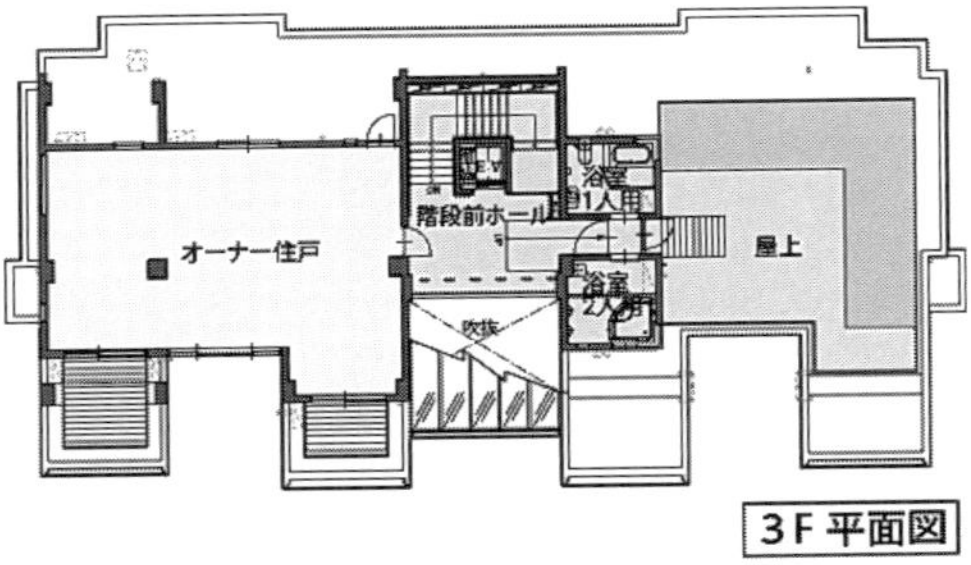

写真 11：三階平面図。

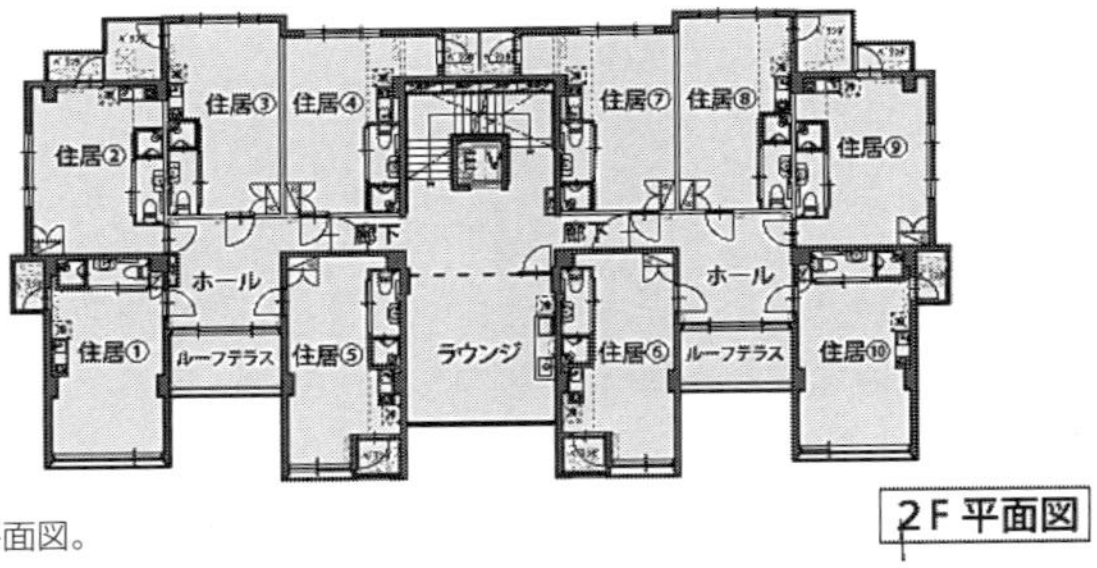

写真 10：二階平面図。

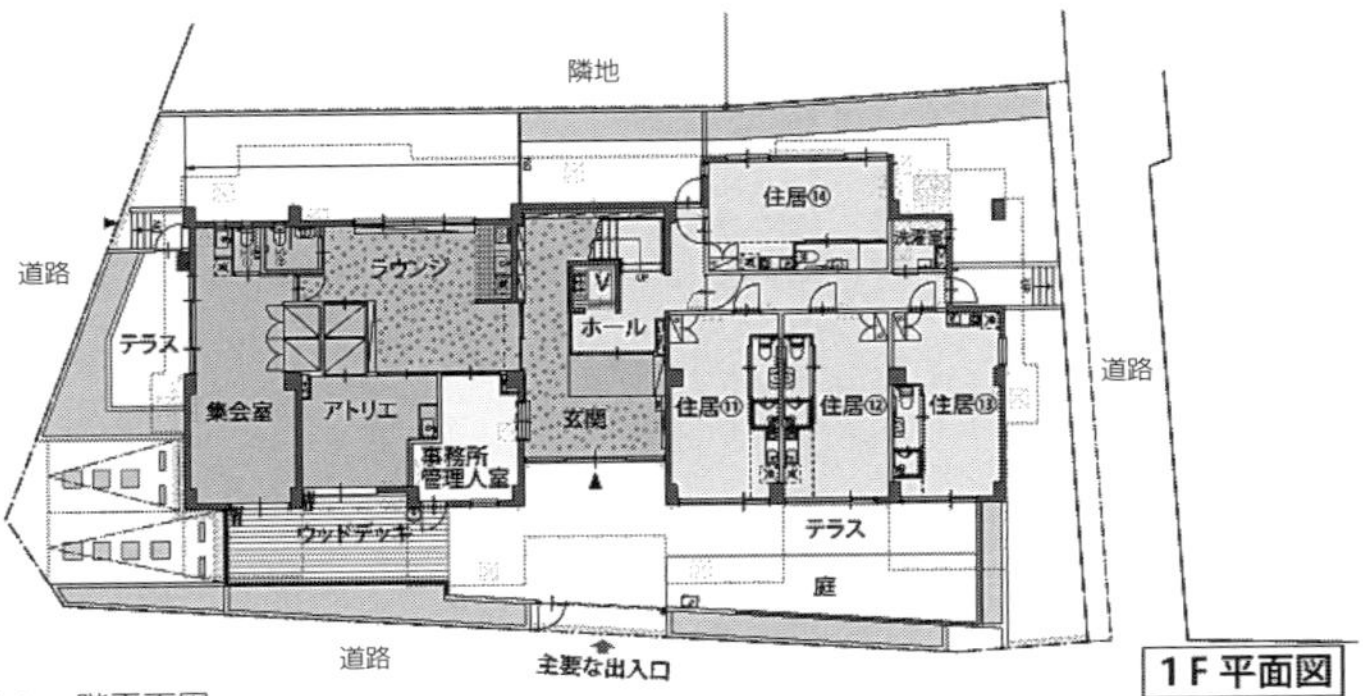

写真９：一階平面図。

ト、三階の西側にオーナー住戸、東側に展望風呂と屋上を配しました（写真9、10、11）。

このプランで確認審査機関と消防に建築計画の説明をしました。しかし、建物用途が集合住宅であることをなかなか理解してもらえません。「このように広い共用部分があるのは福祉施設に違いない」とのこと、一般的に賃貸集合住宅では収入が得られない共用部分はできるだけ設けないのが当たり前なので不思議に思われたのでしょう。一階の集会室、ラウンジ、アトリエ、二階のラウンジの面積を合計すると約一二〇平方メートルで、全体の延床面積が七六五平方メートルなので、約一五％も占めています。つまり、これは一般的ではない賃貸集合住宅なのです。ラウンジについて、地域の方や居住者が使う場所と説明しても、不特性多数が使うのであれば、集会施設とも解釈できます。地域の方といっても荻窪家族プロジェクトの賛同者が利用する共用部分なので、特定多数であることを何度も説明して、ようやく理解していただきました。新しいビルディングタイプであることは承知していましたが、このようなハードルがあるとは思いもよらないことでした。

この特定多数ということは、荻窪家族プロジェクトの百人力サロンメンバーの仕組みにつながります。誰もが使えるような地域開放であると防犯上心配な部分がありますが、この趣旨を理解したメンバーが利用する、ということであれば安心です。

⑥ワークショップ、隣人祭り、シンポジウムによるコンセプトの深掘り

このような今までにない建物であれば、居住者や利用者を獲得するには、単純に不動産会社を通

してではうまくいきません。まずは多くの方に知ってもらいつつ、時間を共有するなかで深いレベルで理解してもらったほうがよい、また参加してもらう方からもアイデアをいただき内容を深めたい、との思いから、意見交換のワークショップを月一度のペースで開催しました。知り合いに声をかけて参加者を募りました。毎回二〇名くらい集まり、各グループが数名になるように分かれてテーマをもとに話し合い、発表するというスタイルです。テーマは「荻窪家族プロジェクトに何を求めるか」「地域との関係はどのようにするか」「どのような人に入居してほしいか」「介護や生活サービスをどう考えるか」です。ここでのポイントは、〈入居者〉〈利用者〉〈地域〉という三者がどう関係するかということであり、これに〈専門家〉がどのように関わるかということです。

ディスカッションでは常に、能動的な生活になるためにどのようにすればよいかということが話されました。これは自助と共助につながります。自助をする力は共助につながり、共助の機会は自助を育てるのです。その共助を育てる意味でシェアの概念が発生します。シェアの機会をつくるために、ラウンジ、アトリエ、集会室などの共用スペースが有効に働くのです。ある独身の女性大学教員のおっしゃったことが印象的でした。「帰ってきたときに、お帰りなさい、という言葉をかけてもらう関係がほしい。自分は一人暮らしでそれがないのがさみしい」とのことです。考えてみると、「おはよう」「いってらっしゃい」「こんにちは」「お帰りなさい」といった日常生活のなかでの何気ない言葉、声かけが、現代社会のなかで少なくなっているのです。これはシェアをすることによって人間関係を育てることのポイントであろうと思います。

意見交換のワークショップのあとに毎回タイルの絵付けワークショップを行いました。タイルの絵付けは一五センチ角のタイル下地に釉薬で絵を描き、焼いたあとに、玄関ホールやラウンジの床に貼るのです。澤岡さんの弟さんは陶芸家の澤岡織里部さんです。織里部さんにこのことを話したら、この機会に陶芸の面白さを皆に理解してもらいたい、と快くOKをくださいました。

絵付けの方法は二種類、一つは釉薬をスポンジに付けスタンプ状に模様を描く方法で、スポンジはカッターナイフなどで切っていろいろな形にすることができるので個性が出ます。もう一つは、タイル下地を尖った物で削り、掘り込みをつくり、そこに釉薬を入れる方法です。釉薬は全体に塗って固まった時点で上部を削り取ります。掘り込みが浅いと模様があいまいになります。この加減が難しく、また面白味もあるのです。二種類あるので二回楽しめます。皆でガヤガヤいいながらつくるのは楽しい、出来栄えを互いに説明するのも楽しい。これも人の関係づくりになります。タイルの絵付けワークショップはトータル一〇回行ったことになります。

隣人祭りは、以前から継続的にやっているイベントで、自分の要らないものを持参して他の方のものと交換します。物々交換のなかで人のつながりが生まれます（第三章の一「建設以前の活動、コンセプトの検討」の「隣人祭り」の項参照。一一六頁）。この隣人祭りと意見交換のワークショップ、タイルの絵付けワークショップを同時開催で実施し、とても盛り上がりました（二〇一三年七月七日）。

シンポジウムは、二〇一四年七月二七日、他の高齢者施設やシェアハウスなど類似施設の方々をパネラーに招いて開催、「参加のデザインによる高齢者居住の新しい形」をテーマにディスカッ

写真 12：シンポジウム「参加のデザインによる高齢者居住の新しい形」（2014 年 7 月 27 日）。

ションしました（写真12）。NPO法人HumanLoopの竹内碩子さんと笑恵館《しょうけいかん》の田名夢子さんの発表、そして荻窪家族プロジェクトを瑠璃川さん、連、山道さんが発表、司会進行は澤岡さん、コメンテーターは大妻女子大学の松本暢子さんと新建築の橋本純さんです。いずれもチャレンジなプロジェクトで苦労談も聞くことができました。

このなかで感じるのは女性の力です。いずれも女性が主導しており、思い切ったことができるのは女性なのかもしれません。男性は理詰めで考えてしまう、リスクが埋まらないかぎりなかなか実行に踏み出せない、理屈はいうが行動が伴わない、という感じです。やりたい！やるべきだ！と思ったらまずは行動を起こす、その後でサポートをしてくれる人がおのずと現れる、そうして具体的形にしてきたとのこと、これはワークショップ的なつくり方と共有する点です。女性の力強さを感じたシンポジウムでした。

⑦実施設計、コストコントロール、建設会社選定

実施設計とは、基本設計における配置計画、平面計画、立断面計画を具体的な建築にするための設計です。構造設計として造研設計の三好氏、設備設計として島津設計事務所の島津氏に協力をいただきました。当方は建築設計事務所として詳細図を含めて図面を整備するとともに、構造と設備設計をコーディネートします。実施設計のプロセスにおいても瑠璃川さんと何度もミーティングをし、そうしてトータル二四〇枚の設計図書が出来上がりました。

これをもとに建設会社四社で相見積もりを実施しました。この仕組みはとても大切です。相見積もりをすることにより競争原理が働き、リーズナブルなコストになります。建築の内容と仕様は詳細図を含む実施図面が担保するとともに、同じ条件で見積もることが可能となります。また工事においても、建設会社とは異なる設計事務所が設計図書通りに工事が行われているかを監理する仕組みです。このことによって施主でも建設会社でもない第三者監理ができ、不良工事が生じない抑止力が働くのです。実は、多くの集合住宅は設計施工で建設されています。横浜マンションの杭問題(註)もデベロッパーによるワンパッケージ方式のなかで発生しました。第三者監理は行われておらず、同組織内でチェック機能が働かなかったのです。

相見積もりは見積もり内訳を提出してもらい内容を精査します。ときには見積もり落としがあっ

たり、過見積もりがあったりします。見積もり内訳をもとにコストダウンを行います。設計段階では施主の希望をできるだけ反映させ、てんこ盛りの設計とするので予算をオーバーするのは当たり前なのです。これは事前に施主さんには驚かないように申し上げておきます。そうしなければ、施主さんはびっくりされて建築できないのではないかと思われるからです。我々にとってはこの時点での予算オーバーは当たり前であり、これからのコストダウンが本番です。見積もり内訳を手がかりにコストダウンリストを作成します。○○を●●にするといくらの減額、□□を止めるといくらの減額、という形でリストアップし、予算に届くまでリストアップするのです。このコストダウン金額は、見積もり内訳から算出しているので実行価格です。最初から予算をオーバーすることを心配し、これはダメです、といってはねつける設計ではなく、希望をまずは取り入れたうえで実行価格との照らし合わせのなかで採用するか否かを決定するので、積み残しのない設計であり、合理的な判断が可能、施主側に立った方法といえます。

施主とともに取捨選択をして、コストダウン項目を決定して、二社に再見積もりを依頼しました。再見積もりにおいても競争原理が働くのです。さらに第三段階として、建設会社の積算担当者と最終金額を決める方をお呼びして、見積もり内訳の単価と数量を手がかりに価格交渉を行いました。これについては、他社の単価や数量を紹介するという方法で、一切、値切りを強要する方法をとらないのがポイントです。あくまで建設会社の裁量を尊重した形であり無理はしません。無理をすると建築の質に悪影響するのです。

このプロセスを経て、建設会社は岩本組に決定しました。岩本組は著名建築家の吉村順三氏が好んで依頼していたという、しっかりとした建設会社です。最終金額は当初の平均見積もり金額からは約一五％のコストダウンとなりました。これは当事務所の設計監理料を上回っています。つまり、設計監理料を払ったうえでお釣りが出る勘定です。建築家に頼むと設計料が発生し作品性を重視しがちになるので高額になってしまう、といった話を聞きますが、これには当てはまりません。

（註）三井不動産レジデンシャルが二〇〇六年から販売した横浜市のマンションが傾いた問題。杭が支持層に達していなかったことが判明。設計施工の元請けの三井住友建設、杭打ち施工の一次下請けの日立ハイテクノロジーズ、二次下請けで杭打ち施工に直接関わった旭化成建材の三社に対して行政処分がくだされた。

⑧設計事例見学、ブラインド選択、セキュリティーシステム検討

当建築はＲＣ造なので、その設計事例としてルーテル学院大学新校舎（日本建築家協会優秀建築選二〇〇六年）を瑠璃川ご夫妻に見学していただきました（写真13）。ルーテル学院大学は三鷹（最寄り駅は武蔵境）にあり、当事務所設計で二〇〇五年に建設されました。学生ワークショップを取り入れ、トップガラスへの散水システムや手づくりタイルをルーフテラスに貼るといったところも共通点があり、参考になると思ったのです。実物を見ていただくと、材料や空間構成や雰囲気を理解していただく機会になります。ときには、この材料は嫌だ、というケースもあり、施主の好みを把握する意味では大切なプロセスです。

ブラインドの選択も大切です。各部屋の雰囲気づくりに欠かせません。横ブラインド、縦ブライ

写真 13：設計事例、ルーテル学院大学新校舎見学。

ンド、プリーツなどさまざまな種類があり、また材料、色も多彩です。現物を見ていただいて選択することが大切であり、ショールームに同行して一緒に選びました。セキュリティーシステムは、防犯のみならず、急に倒れた場合、エレベーターが止まった場合など、さまざまな状況において、どのようなサポートシステムがあるのかを理解したうえで、選択していただきます。設備設計の島津氏のアドバイスは費用も含めてわかりやすいものでした。これも欠かせないプロセスです。

⑨想い出を継承する、解体工事、地鎮祭

二階建の木造母屋は、とても趣のある建物です。それを耐震改修することも検討しましたが、全体配置の関係と必要住戸数との関係から改修は無理と判断しての建て替えです。しかし、何らかの形で継承したいと考え、梁、ガラス、床柱、庭石を再利用し

よう、ということになりました。これらを取り外したあとに解体工事を行いました。更地にして東側が一メートル高く西側が低いという敷地の特徴や広さ感も明確に一望できます。元々は中央部で段差がある敷地でしたが、バリアフリーにすべく中央部のレベルで平らにしてグランドライン±ゼロとした設計ですが、それを目の当たりにすることができました。

地鎮祭は中央にテントを張って実施しました（写真14）。最近は面倒だと省略される方や建売などだと行わないケースもありますが、神事は大切です。工事の安心安全、先祖への感謝、土地の神様への祈願を関係者全員で行いました。設計者である私も身が引き締まりました。儀式は気持ちの切り替えという意味でも大切です。上棟式も大切な儀式です。施主、設計者、施工者、それに多くの協力者が出席するなかで行われました。食事をして酒を飲みながら交流する機会になります。施主は施工者に想いを伝える場となり、施工者はこの人のために施工するという気持ちが生じるのです。良質な建築をつくるために欠かせないプロセスです。

既存の再利用については、オーナー住戸の和室の床柱と天井の飾り梁に利用、サッシの内側の障子ガラスに用いました（写真15、16）。また庭石は庭師に依頼し庭の角にロックガーデン風に積んでもらいました（写真17）。

⑩事前リノベーションによる若手建築家の参加

工事が着工したあとにも、ワークショップを続けて質を上げたい、との思いから、若手建築家と

写真14：地鎮祭（二〇一四年一月二四日）。

（右）写真15：既存の母屋にあったガラス窓。
（左）写真16：既存ガラスを新築オーナー宅のガラス障子に継承。

写真17：庭石をロックガーデン風に。

してツバメアーキテクツに参加してもらいました。ツバメアーキテクツの山道拓人さんは、息子の友人でもあり、彼らの主催するシンポジウムなどに出席したりして適任と感じたのです。完工の事前に共用部分の使い方ワークショップをしてリノベーション設計を行うので、事前リノベーションというわけです。これがうまくいけば、建設後においても質を上げるワークショップが可能であり、若い感覚が加味されるという一つの事例となりえます。絶対成功させたいと思いました。

しかしながら、設計料をさらに施主にお願いするわけにはいきません。当方も設計料ギリギリでやっているので、そこから捻出するわけにもいきません。そこで、プロモーション業務も加えて完工時での入居決定者数による成功報酬という形で施主と契約しました。これは結果的には、報酬レベルの入居者は得られませんでしたが、クラウドファンディングという方法を用いてカバーすることができました（コラム「クラウドファンディングで新しい出会いを見つける」参照。一〇九頁）。これもやりながら検討、調整するというワークショップ的判断です。

事前リノベーションの内容については次節「事前リノベーション」（八一頁）で詳しく述べられますが、ここでは当プロジェクトの魅力の一つになったことを記しておきます。集会室やラウンジの壁に黒板塗料を塗り壁全体を黒板化したり、アトリエの壁に有孔合板を用いて引っ掛け収納ができるようにしたり、二階ラウンジや廊下にグラデーションの色彩計画をするなど、共用部の魅力づけとなりました。もちろんこれらは設計変更になるわけで、コストや納まりなどについて当方がアドバイスをするなかで調整しました。彼らはこのことを話すときに当方のことを変人建築家と親しみを込めて称します。自分の設計したものをわざわざ他の建築家に変更させるわけであり、一般には考えられないからです。しかし、若手のアイデアは新鮮であったし、彼らも学びがあったと思われます。これも多世代交流のよさといえ、荻窪家族プロジェクトに相応しいプロセスといえるでしょう。

⑪施工プロセス参加のワークショップ

設計プロセスにおける参加のワークショップのみならず、施工プロセスにおいても参加の機会をつくりました。タイルの絵付けワークショップ、タイル並べワークショップ、塗装ワークショップ、ウッドデッキワークショップです。

タイル並べワークショップ（写真18）は、絵付けしたタイルを皆で玄関ホールとラウンジに並べるのです。もちろん自分のタイルをイイ場所に貼ってもらいたい。ワイワイガヤガヤと楽しみながら参加者で並べました。タイルは六〇センチほど離してランダムに置くのですが、これが意外と難しいのです。偏りがないようにすることやタイルの方向などに配慮しながら調整するのが、建築家の役目です。置かれたタイルの位置にマークを付けて、写真に撮って記録として残します。これを手がかりに左官職人に貼ってもらいました。

塗装ワークショップ（写真19）は、建具や枠、壁の木部を桐油で一日がかりで塗装します。桐油は、浸み込み型で塗りむらが出にくい自然系塗料なので、体に悪さをしないなどの特徴をもち、ワークショップに適しています。二〇名近くの参加者にまずは説明、見本を見せてスタート、マスキング

（右上）写真18：タイル並べワークショップ（二〇一五年一月一五日）
（右下）写真19：塗装ワークショップ（二〇一五年三月八日）
（左上）写真20：ウッドデッキワークショップ（二〇一五年三月一四、一五日）

テープ貼り→塗装→マスキングテープ剥がし、のプロセスです。ほぼ午前中でマスキングテープ貼りが完了、お昼は各自持参したお弁当を二階のラウンジで皆が集まり食べました。ワイワイガヤガヤ「ここが難しそうだ」「こうすればよい」など作業内容を通して会話が弾みます。午後に塗装、ツバメアーキクツのメンバーたちは廊下の壁のグラデーション塗装をします。なかなかイイ感じ、事前リノベーションの設計施工です。皆で協力して夕方に完了しました。

　ウッドデッキワークショップ（写真20）は、基礎はプロの建設会社にお願いし、表面の板材の取り付けと塗装を行いました。大工仕事好きの一〇人が集まりました。瑠璃川さんのご主人は大工仕事が得意、大工仕事ははじめてという学生も参加しましたが、見よう見まねで学んでいます。ベテランと素人との、指導と学びを通して人のつながりが生まれるのもワークショップのよさです。プロがつくるウッドデッキではないのでそれなりのアラもありますが、それも建築の味になります。建築自体はプロの設計者、施工者であり、ここに素人が関与する施工が加わることによって、コントラストが生まれ、建築の個性にもなります。もちろん、自分たちで創ったという満足感もあるし、大切に使おうという気持ちも生じます。

⑫工事中のさまざまな出来事を乗り越える

当工事のネガティブな出来事として、民事再生法による約二ヶ月間の工事中断がありました。電気業者担当者からＦＡＸが入りました。「建設会社が本日、民事再生法による手続きに入ったので、しばらく顔を見せることができませんが、よろしくお願いします」との内容、とても驚きました！すぐに建設会社に問い合わせ、他からも情報を集め、施主に報告しました。再開がいつになるのか、建設会社を替えることもありうるのか、建築家仲間でも同じ状況の人がいて、我々としては状況を見守るしかないという話でした。定例打合せは二週間に一度の頻度で実施していましたが、これは続けました。民事再生の進捗状況を聞くとともに、この期間を工事内容の調整、事前リノベーションの変更調整をしっかりできる期間ととらえました。これは施主にとってはかなりタフな時間であったと思いますが、それを支えるのも建築家の役割です。この苦境を、質を上げる時間に充てるというポジティブ思考で乗り切った感があります。

写真21：10年来の想いがかなって完工！（2015年2月27日）。

また完工前に大雪があり工事が遅れ、施主の入居後に残工事があったことも苦労の一つです。完了検査には支障がない残工事ですが、住みはじめてからの工事の音や部屋に職人が入ってくるのは相当なストレスであったかと思われます。

民事再生を含むこれらの遅延期間においてもコアミーティングやワークショップを続けていましたが、そこでの人の絆が苦境を乗り越える力になっていたような気がします。これを経ただけになおさら、完成に喜びがあったことはいうまでもありません（写真21）。

入居者が決まり、入居者歓迎会をやりました。二階ラウンジに入居者とコアメンバーがそれぞれ持ち寄りのパーティーです。楽しい時間を共有できるのも、参加のデザインから生まれた荻窪家族プロジェクトの醍醐味です（写真22）。

写真 22：入居者歓迎会（2015 年 5 月 19 日）。

四――事前リノベーション

◉ツバメアーキテクツ（山道拓人・千葉元生・西川日満里・石榑督和）

荻窪家族プロジェクトでは、建物が完成する前に入居者や街の人、福祉の専門家や学生などさまざまな人を集め、ツバメアーキテクツ（山道拓人・千葉元生・西川日満里）が建物の使い方を考えるワークショップを行いました。そして、ワークショップをもとに、建物の共用部の設計変更を行いました。これを「事前リノベーション」と呼んでいます。

この節では、山道、千葉、西川が取り組んだ事前リノベーションについて、その概要をお話ししたうえで、三名それぞれの思いを座談会形式で議論しています。聞き手は同じくツバメアーキテクツの石榑督和《いしぐれまさかず》です。

事前リノベーションとは?

山道拓人（以下、山道）：事前リノベーションの概要をお話しします。

二〇一四年二月末に建築家の連健夫さんに声をかけていただき、同年三月に荻窪家族プロジェクトのコアミーティングに参加しました。そのときにはすでに建物の基礎の工事が始まっていました。なぜツバメアーキテクツがこのプロジェクトに呼ばれたかというと、それまでは地域に開かれた高齢者居住として計画が進んでいた荻窪家族プロジェクトに「多世代居住」「シェア」という条件が加わったためです。そのとき、企画ができる若い設計者として、僕たちに声がかかりました。僕たちが荻窪家族プロジェクトに参加した時点で、すでに連さんによって建物の設計が行われていましたが、僕たちは連さんの設計がもっている想定をより広げることを考えました。

具体的な説明をするために、例として第一回目のワークショップを取り上げてみましょう。第一回目のワークショップは、二〇一四年三月に行われました。はじめに、工事が始まっていた建設現場に荻窪家族レジデンスに住む予定の人、地域でケアの活動をしている人、有識者、学生、地域の人などと一緒に訪れ、建物の大きさや、周辺環境を把握するフィールドワークを行いました（写真1）。そのうえで彼らに、自分だったらこの建物をどのように使うのか、ということを想定してもらうワークショップを行いました。そして、そこで出てきた意見を反映させて、すでに決まっていた設計を変更していきました。工事完了前にさまざまな人の意見を取り入れ、建物を事前にリノベーションしてしまおうというものです。この枠組みを「事前リノベーション」と名づけました。

第一回ワークショップでは、フォークダンス形式のブレインストーミングも行いました（写真2）。多世代にわたる人が二重の輪になって、次々と議論のペアを替えながら思いつきを含むアイデアを

写真１：第一回ワークショップ。建設現場に集まる参加者。

写真２：第一回ワークショップ。フォークダンス形式でブレインストーミングを行う。

とにかくたくさん出すというものでした。

僕たちはワークショップごとに描き込みシートの設計も工夫しています。第一回ワークショップでは、荻窪家族レジデンスの共用部で行うイベントを考え、他者が集まってくる仕組みを考えてもらうというものでした。それらを文章とスケッチで既存の設計に描き込んでいき、希望の設えや仕上げを提案してもらいます（図1）。ワークショップで出てきた三〇ほどの提案を集めて、参加者によって各部屋にどういう設えが描かれたかを確認していき、インテリアのアイデアの種、使い方のアイデアの種を分析していきました。

事前リノベーションの過程で、こういった使い方ワークショップを三回、それから杉並区の祭り（大人塾まつり）への参加が一回、シンポジウム（「参加のデザインによる高齢者居住の新しい形」）を一回開催しました。

ワークショップやシンポジウムでは、それぞれ二〇〜三〇個のアイデアが出てきて、全五回で一五〇個ほどのアイデアが集まりましたが、一五〇個ものアイデアを採用はできないので、機能を整理しアイデアを統合していきました。例えば「情報共有の掲示板」と「落書きキャンパス」は機能としてほぼ一緒なのでまとめられます。「パンフレットを共有する棚」と「食器棚」、「バーカウンター」と「お料理教室の机」など似たもの同士をまとめていき、最終的には二〇個くらいの備品や内装の事前リノベーションのアイデアへと統合していきました（図2）。

つまり事前リノベーションによって、二〇〜三〇人×ワークショップ等五回分の人の意見やク

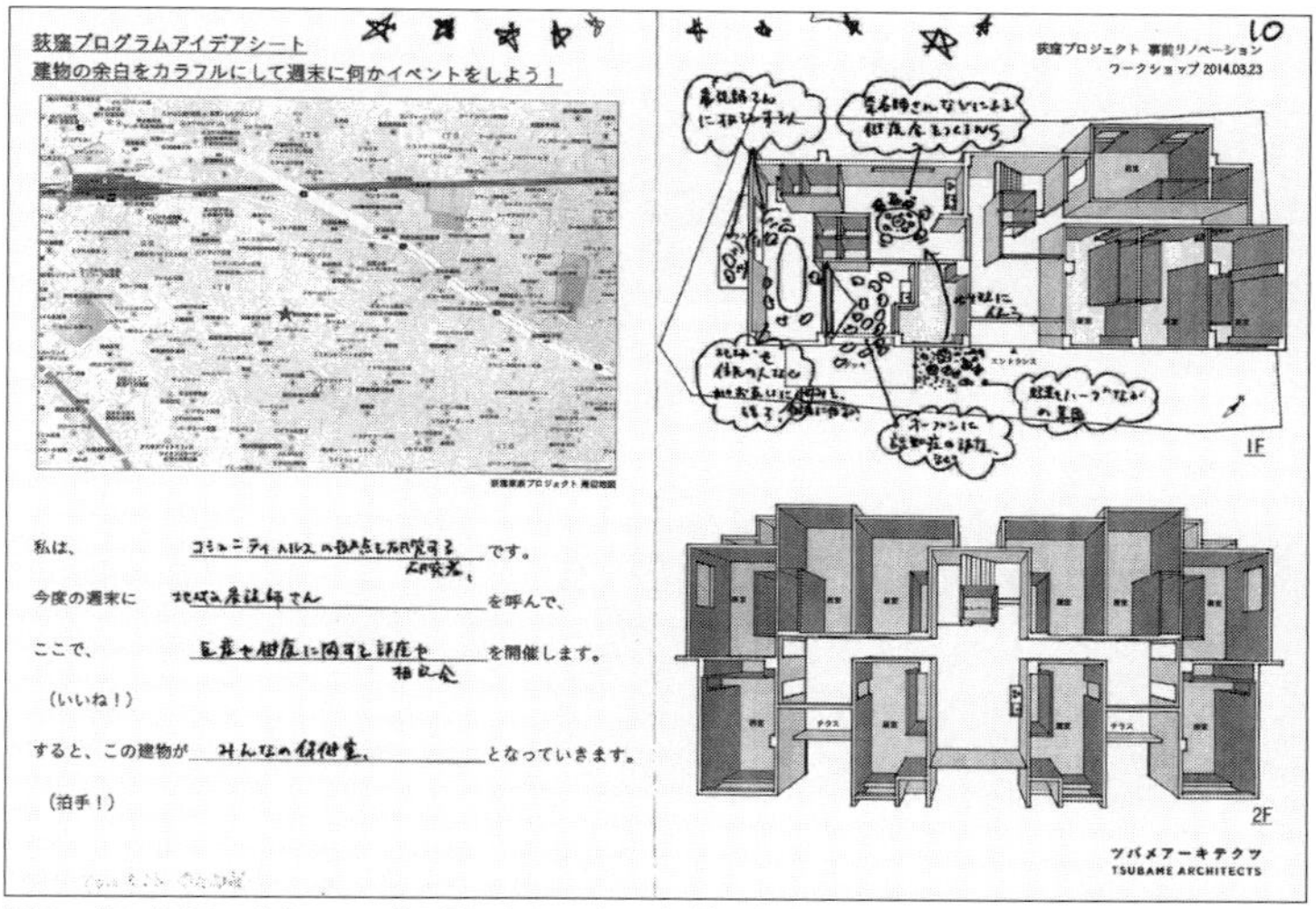

図1：第一回ワークショップで用いたシート。左側に文章、右側にスケッチで共用部をどのように使うか提案してもらった。

レームへの対応が完了している建物ができます。さらに重要なポイントとしては、竣工の時点で、この建物の使い方がわかっている人を一五〇人くらい生み出すことができます。したがって、建物がオープンしたときに、たくさんの人がすぐに建物を使いはじめるという状況をつくることができました。

苦労したポイントとしては、すでに決まっている予算のなかで、建物の機能を増やしたり、よりよく使えるようにする必要があったことです。こうしたことを行うために、例えば仕上げの一部を変形して家具として使えるようにしてみたり、仕上げの仕様を変えて別の機能を与えたり、ある部屋の設えの一部をやめることで使えるお金を生み出したり、できる工夫はすべて検討しました。費用捻出にクラウドファンディングも使いましたが、多彩なコアメンバーがいましたので、彼らとの関わりで返していくことを考えていました。例えば、「荻窪のことに詳しいコアメンバーと街歩きをして飲み歩く権利」というように、人でお礼をすることを考えました（コラム「クラウドファンディングで新しい出会いを見つける」参照。一〇九頁）。

「途中」から参加する可能性

〈聞き手〉石榑督和（以下、石榑）：概要をうかがったうえで、繰り返しになる部分も多いと思いますが、事前リノベーションの過程をより具体的に聞かせてください。

まず、声がかかり荻窪家族プロジェクトに参加したとき、皆さんはプロジェクトをどのようにとらえたのでしょうか。すでに建物の工事が始まっていて、プロジェクトとしては進行しているなかでの参加でした。

山道：コアメンバーの方の年齢層が高いなという印象がありました。僕らが入って平均年齢を下げたということですね（笑）。コアメンバーのなかに二〇代の人がほとんどいませんでした。また皆さん、付き合いが長いせいか、コアメンバーは組織としてちょっと凝り固まっていたという印象がありました。

だから僕らは他者として入っていって、誰が偉いのかもわからないなか、切り込んでいくことで、アイスブレイクになったのではないかなと思います。

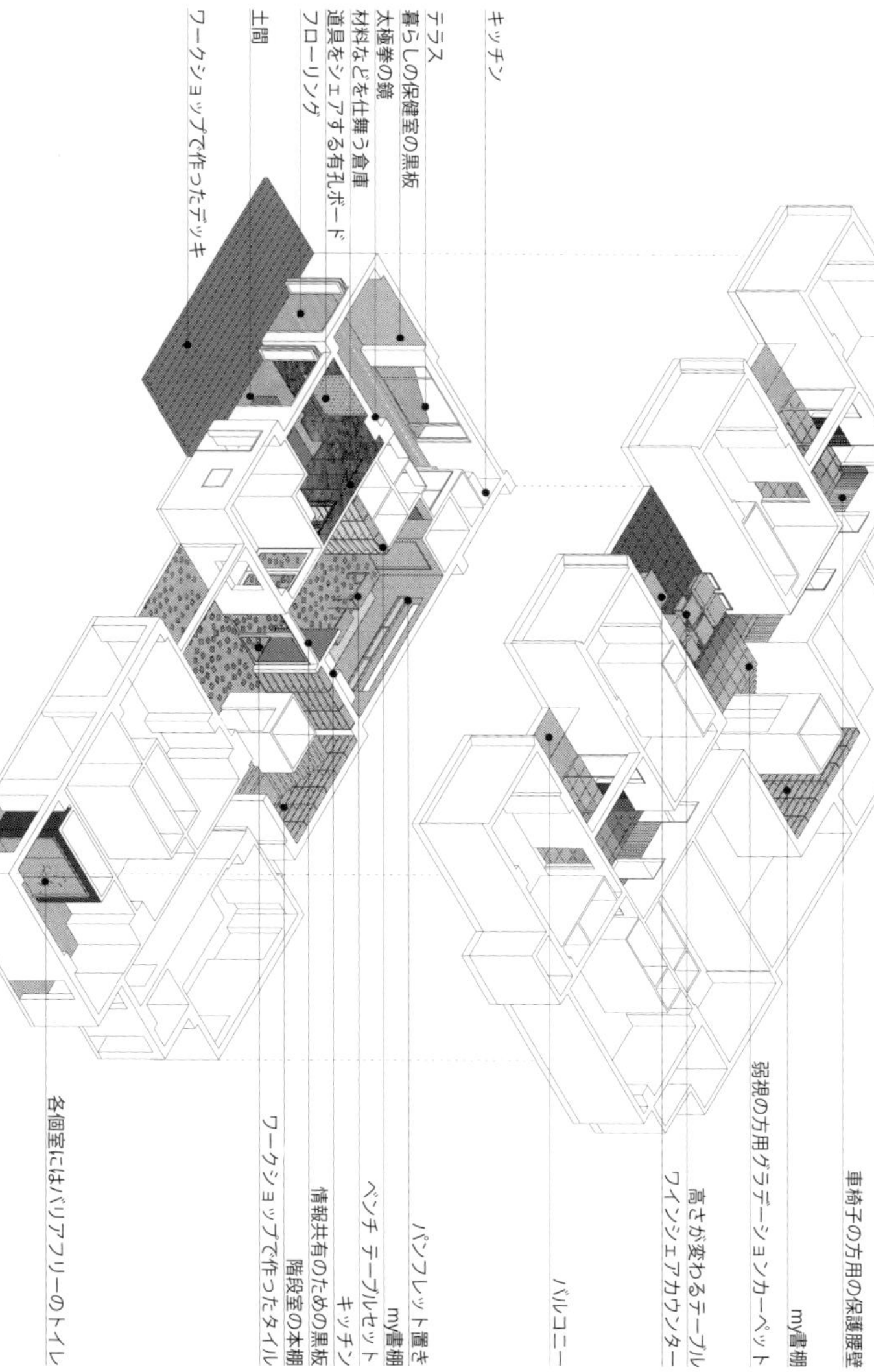

図2：アイソメ。事前リノベーションによってつくられたインテリア。

写真3：ワークショップの内容を反映した模型（最終案）。すでに何度もリノベーションされたように見える。

西川日満里（以下、西川）：荻窪家族プロジェクトの話をはじめて聞いたときは、今まで経験したことのないプロジェクトの進め方だったこともあり、何を求められていて、何をアウトプットしていいのかが正直なところよくわかっていませんでした。

ですので、一回目のワークショップでは、自分たちもよくわかっていないことを参加者とともに考えてみることにしました。この部屋ってどうやって使うんだろう？というイメージを使い手の皆さんと共有するために、平面図とともに模型をつくってみたり、模型の仕上げ材も利用方法に関わってくるため、なるべくリアルにわかりやすく見えるように素材を貼っていったりしました（写真3）。

なんというか、建築家として何かを提案すると考えたプロジェクトというよりは……。

山道：カウンセリングに近い？

西川：そうですね。

山道：参加者や建物に「ここってどういう感じ？」って、聞くような感覚ですね。例えば、テラスのほうは開放的にしたいし、奥は棚で囲われて落ちついた感じにしたいとか。

西川：そうですね。途中からプロジェクトに参加できたよい点として、「ここって仕上げを変更してもいいですか」とか、「この部分に使われているお金を利用してこういったものをつくりませんか」など、今までコアメンバーの皆さんが積み重ねてきたさまざまな諸条件をいったんフラットに見ることができたというのはありますよね。今さら聞けないようなことも大胆に聞けたような気がします。年代が離れていたことも、スムーズな関係性を築けた一因のように思います。

千葉元生（以下、千葉）：最初は僕も、何をやったらいいのかわからないという印象でした。というのも、建築業界的にいうと、別の建築家が設計している作品に手を加えるということはタブーなのではないかと思っていたんです。だから、自分たちの建築作品をつくるぞという気持ちでプロジェクトに向き合いづらかった。でも今思えば、そのプロジェクトに対する関わり方がすごくよかったし、求められていたものだと思います。つまり、新しい空間イメージに重きをおいて、建築の芸術的な側面を追い求めるのではなく、それができない状態で建築家は何ができるのかということを考えながら取り組めたことがよかったと思っています。それが結果的に、「実際どうやって使っていくのか」とか、「そういう使い方だったらこういう人やものが必要になってきますよね」とか、ワークショップを通して具体的に建物の想定を検討することにつながりました。

石榑：事前リノベーションという言葉がすごく重要だと思うんですが、いつ生まれたんですか。

山道：コアミーティングのときに生み出されましたね。

西川：はじめはもう少し違うニュアンスの、荻窪家族プロジェクトのことを宣伝してください、みたいな、そういうオファーだった記憶があります。

山道：あと、使い方の提案だとか。

千葉：プロモーションとかですね。

山道：プロジェクトに参加してほしいという依頼には、当初は具体的な目的はなかったように思います。ただ、そのときに、震災で事前復興というものがあることを知って、事前リノベーションを行ったらどうかということをコアメンバーに伝えました。最初は「何をいっているんだ?」という雰囲気だったんですが（笑）、連さんはすごく盛り上がってくれました。

千葉：事前復興というのは、災害が起きる前に、災害が起きることを想定して計画をするということです。つまり、災害を想定することで、普通の都市計画とは違うレベルに計画を広げるということですね。だから「事前リノベーション」という言葉は、事前に実際にどんな使われ方がなされるかということを考えて、どんな空間にすべきかを考えませんかということです。

山道：解像度を上げる感じですよね。

千葉：そうですね。それに一般的な「リノベーション」っていう言葉は、革新とか刷新という意味です。すでにあるものを新しくするという意味合いを含んでいるのに、それを事前にやるというのは、事前復興と同じで言葉としては矛盾しているんです。だから、事前に想定して刷新するしかないので、想定を広げていくためにワークショップを行うことにしました。

山道：連さんがイギリスで学ばれていたということも、事前リノベーションを受け入れていただいた背景にあったと思います。住民のニーズを聞きながらまとめていくコミュニティアーキテクトを名乗る建築家がイギリスにはいました。荻窪家族プロジェクトは、連さんの設計をもとに、他者である僕らがワークショップによって議論を開くことで、よりコミュニティに寄与する建築をつくろうとする試みです。

千葉：もし仮に通常のやり方で荻窪家族レジデンスの共用部を設計することになったら、オーナーの瑠璃川さんと建物の設計者である連さんだけの想定で設計が行われて、それを多くの人に使ってもらうことになります。だけど、今回はその両者とは関係ない設計者としてツバメアーキテクツが設計のプロセスに入り、さらにオーナーや住民ではない人に使い方を考えてもらったということが面白いと思うんです。

山道：建築にとって風通しのいい状況ですよね。客観的に建物の想定を広げていこうとしていました。

西川：公共建築の設計過程だと、多くの場合そのようなワークショップの機会があります。それを民間でも取り入れたというのが、面白い連鎖をつくっているのかもしれませんね。

写真4：二階の居住者共用ラウンジ。カーペットと腰壁の色のコントラストに差を付け、弱視の人が認識しやすいようにしている。

「表層」から考える可能性

石樽：公共建築のワークショップはプログラムを含めた建物全体に関わる議論をするけれども、事前リノベーションは建物の躯体は決まっていて、内装、それも壁や床や家具など表層的な部分に限られていましたよね。その切断が逆にうまく作用したように思うんです。

山道：それはたぶん、ポジティブな面と、ネガティブな面があります。

まずは、子どもや高齢者のことを考えるときは空間の表面の仕上げがとても重要です。堅いとか柔らかい、色がついていて覚えやすい、などが彼らにとっては非常に重要な問題になってきます。拘束条件が、色や素材とか限られている表層のデザインの重要性に気づかせてくれました（写真4）。

ネガティブな面では、躯体を変更できないことで、そこは苦労しましたね。だけどあるとき千葉さんが、「これ表面剥がしたら棚になるんじゃない？」といったことがブレイクスルーになりました。そのとき表層だけでも確かに何か構築的なことはできるんだと感じました。壁を塗るくらいしかできないと思っていたんですが、そこにはまだ物質があると。目地に奥行きをもたせれば物が置ける、そういうことですね。

西川：いったん建物の実施設計が完了した時点で私たちが参加した点も関係していると思います。形の大枠が決まっている状態からスタートするということは、構造や設備に関わる大きな変更はできないことになり、一定の設計の不自由さが伴います。一方で、通常のワークショップでは議論に上がらないような細かい部分、例えば棚の位置であったり、道具の収納方法であったり、色味や素材感であったり、より具体的にイメージできる部分が設計変更の対象となったことで、誰もが話し合いに参加することができたように思います。オーナーの瑠璃川さんからも希望が上がり、最後まで壁の色を考えたり、仕上げを工夫したりしていましたよね。

山道：外に開いただけではなくて、元からいた関係者もより意見をいいやすくなりました。

ワークショップのデザイン

石榑：ワークショップのシートのデザインがそれを助けていますね。ワークショップとそのとき使用したシートはどのようにデザインしたんですか。

山道：ワークショップは段階的に構築されていくようなものをめざしました。一回目は個人のアイデアをスピーディに出す。二回目は多世代の三〜四人のチームで擬似打合せをして企画書を書く。三回目は具体的なユーザーの使い方を紙芝居のようにストーリー仕立てにしていくというような感じで、少しずつ複雑になるように、シートも設計していきました。

西川：一回目のワークショップは自分がこの場所をどのように使ってみたいか、二回目は他者と一緒に共用部で企画したいこと、三回目は周辺環境や街並を含めて荻窪家族レジデンスでの暮らし方を考えてもらいました。回を重ねるにつれて、想定を広げていっています（図3・写真5〜7）。

千葉：全体を通して重視していたことは、できるだけ具体的に考えてもらうということでした。不特定多数を相手にしないといけない公共建築のワークショップと違って、住民であれ地域の人であれ今回は実際に使う可能性がある人たちを相手にしてやっています。その人たちに、建物が建ったときに、本当にこういう使い方をするんだぞという切実な気持ちでやってもらいたかった。そのほうが、どういう空間にすべきかを考えられるし、建物が建ったあとに実際に使ってくれる人も増えると思ったからです。例えば、二回目のワークショップでは、企画を立てるところから、どうやってお金をまわすのかということも考えてもらいました。これまでに山道さんや僕はシェアスペースでイベントを行ってきた経験があって、そこで問題になることが予想される内容を空欄としてワークショップシートをつくりました。

山道：他のワークショップだと、突拍子もないアイデアがたくさん出てきて、そこから使えるものをピックアップする必要があったんだけど、荻窪のワークショップはお金など現実的なことを設定

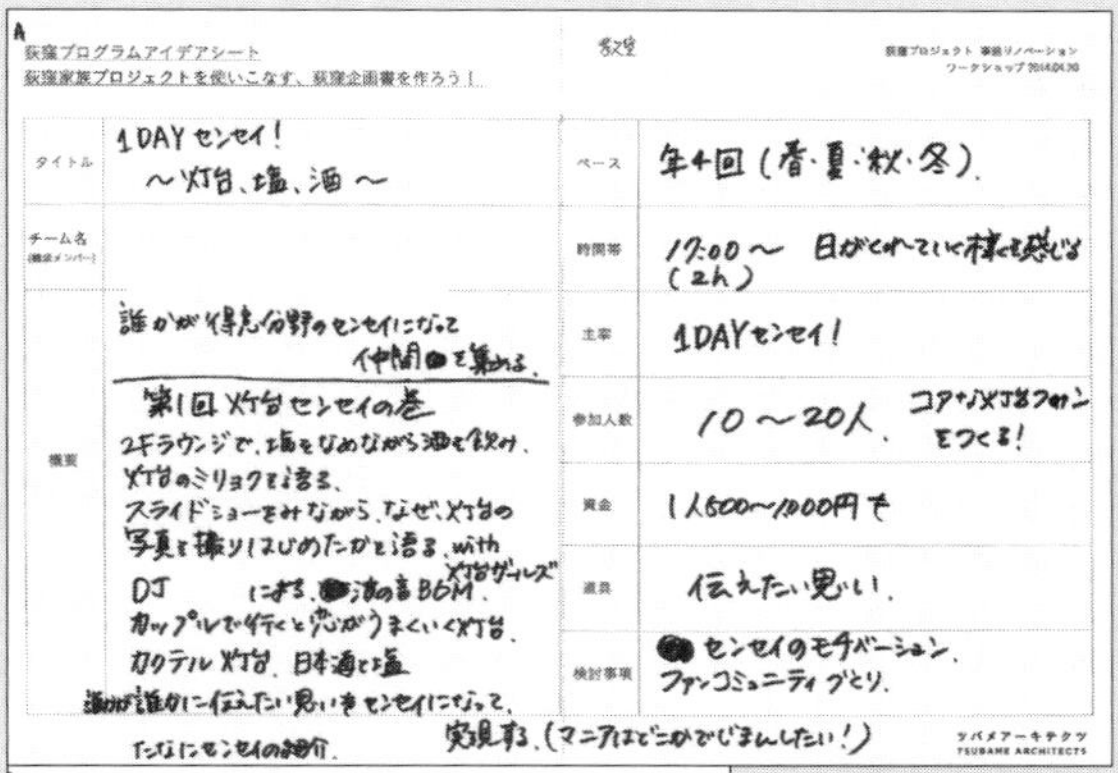

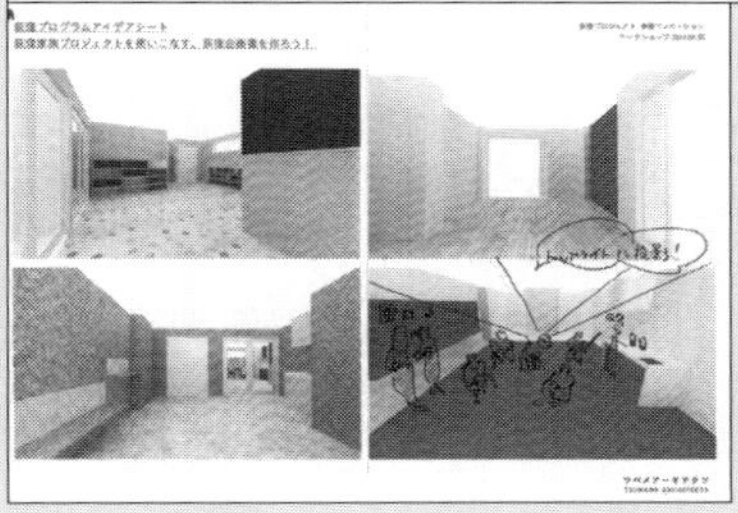

図3-1：第二回ワークショップの成果。「1DAYセンセイ！～灯台、塩、酒～」というタイトルで、自慢話をしたい人を呼んで、センセイとなってもらい話を聞くというもの。

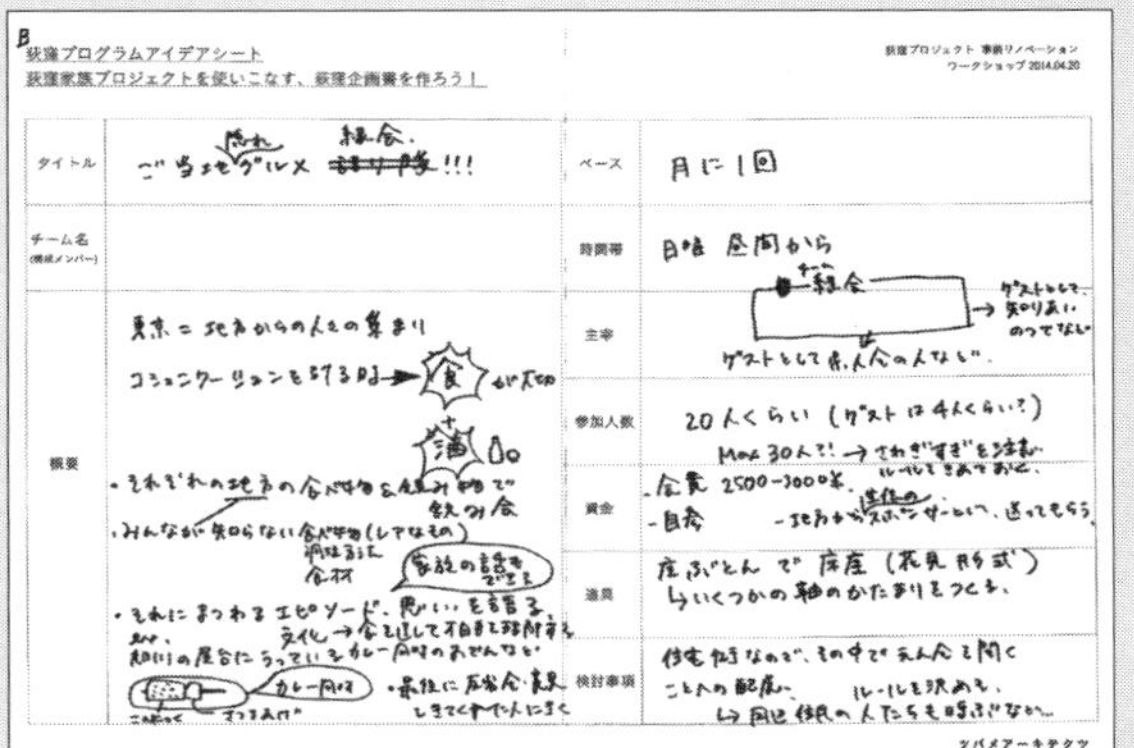

図3-2：第二回ワークショップの成果。「ご当地隠れグルメ縁会」というタイトルで、日本各地の料理やお酒を楽しみにながらエピソードを交え、作法を教えあったり、家族の話などをする。共用部全体を使って床座にしてしまうという提案。

（上）写真5：第二回ワークショップ。グループ形式で、共用部の使い方を提案する「荻窪企画書」を作成。
（右）写真6：第二回ワークショップ。グループは、三～四人で多世代になるように編成。

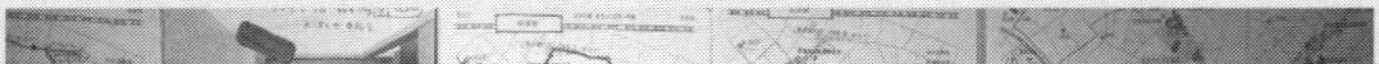

写真7：第三回ワークショップ。グループごとに世代の異なるペルソナを設定し、荻窪家族レジデンスや荻窪の街でどのように一日を過ごすか想像してもらった。

したから、非現実的なアイデアは出ず、具体的な意見が多かったです。

それからワークショップシートに具体的に絵に描いてもらったことで、空想ではなく「検討」をしてもらったということが重要でした。ワークショップだと、発表もしなければいけないので、「ここに滝をつくります」というようなそもそも無理な話にはならない。

西川：図面にはスケール感があるので、平面図やそれをもとにしたアイソメ図の上に描いてもらうことで、大きさや数量を考えてもらうきっかけになりました。

千葉：そこで物理的な量も洗い出しているんです。例えば、椅子が何脚必要だとか、椅子はスタッキングできないと普段はどうするんだとか。僕らも状況を把握できていなかったから、図面に具体的に必要なものを描いてもらうことで、僕ら自身も知ることができました。

あと、施主としてどこまで許容できるのかを確認するという意味で、瑠璃川さんのリアクションを見るという意味もありました。瑠璃川さんも、「こういうのがあるんだ」という発見があったはずで、瑠璃川さん自身の認識を広げる手助けにもなったと思います。

ワークショップで建築家の目を増やす

石榑：ワークショップの情報をもとに、どのように設計を進めたんですか。

山道：情報を整理したうえで、僕らが案を練っていきました。ワークショップを受けて、僕らがそこから考えるということです。僕たちは荻窪家族プロジェクトに専門家として入っていて、ワークショップでの情報をもとに僕らが設計を進めて、さらに僕たちだけでなくコアメンバーや連さんに確認をとって進めました。単純に出てきた意見を実現したわけではないということですね。

千葉：ワークショップの効果というのは、愛着をつくるためということや、いわれた意見を反映させるためということではなくて、設計者の認識を広げ、可能性を広げることだと思います。設計者の頭を、より多くの人に開かれた状態にすることで、計画する建築も開かれたものになり、多くの人が関われる場所になっていくという状態が理想です。

山道：ツバメアーキテクツ三人の目に加えて、ワークショップに参加した一五〇人分の目を増やしていくということですね。ただ、考える脳は連さんや僕ら三人と専門家の脳です。

西川：個々の要素について、「ワークショップでこういう意見が出たから、これをつくろう」というように、出た案をそのまま具体化に結びつけるような話をした記憶はあまりなく、「ここではこういうことをしたい」というようなアクティビティへの欲望を集積していった印象が強いです。例えば、一階ラウンジの棚は奥行きが途中で変化していますが、最初から奥行きの異なる棚がほしいという参加者がいたわけではなく、「ここでは大勢でお酒を飲む可能性があるから、コップが置けるような台があったらいいね」という人と、「キッチンのまわりに調味料や食器が置ける棚がほしい」という人と、「窓辺にパンフレットを見やすく並べたい」という人、複数の方々の理想を聞いて、それらへの応答として、いくつかの意味をもつ奥行きの違う棚へと変換しています（図4〜6・写真8〜10）。

図5：一階アトリエの事前リノベーションの過程。

図4：一階ラウンジの事前リノベーションの過程。

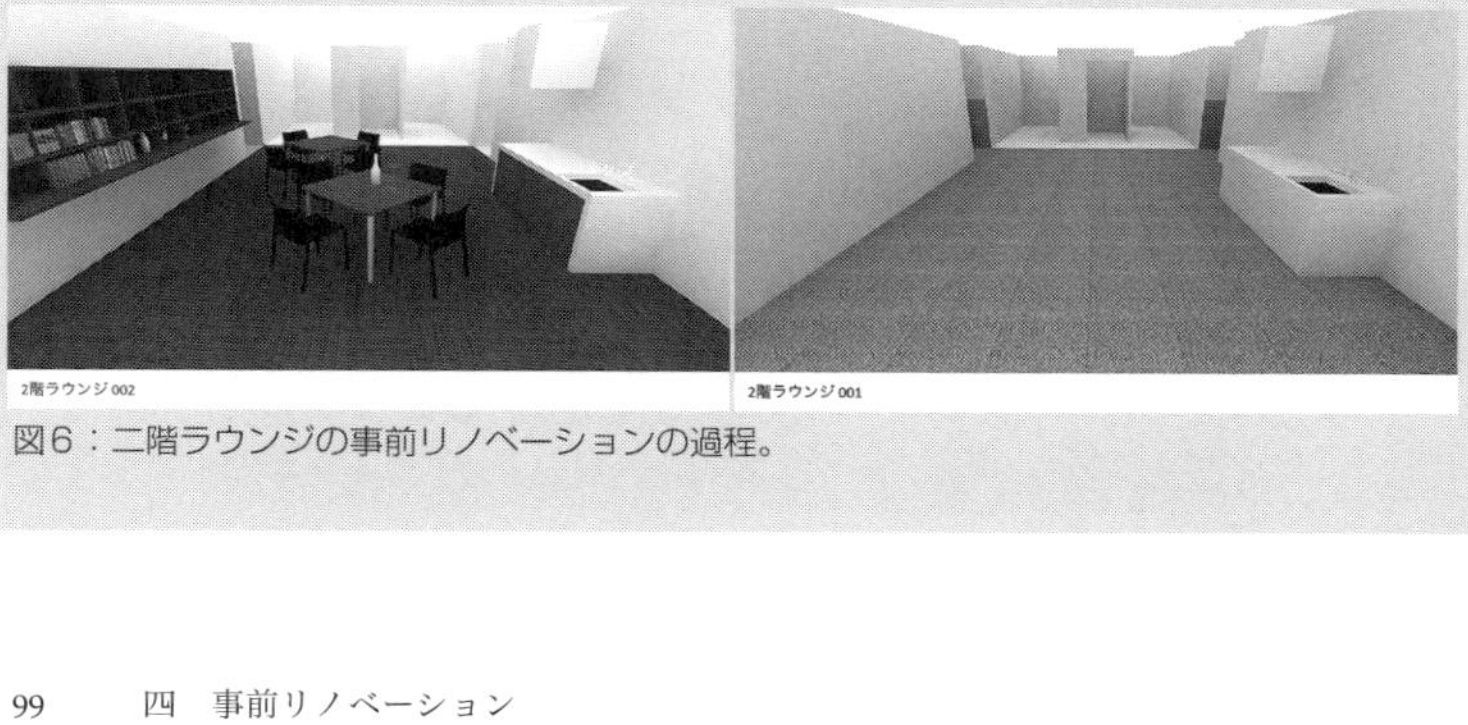

図6：二階ラウンジの事前リノベーションの過程。

写真８：事前リノベーション後の一階ラウンジ。

写真９：事前リノベーション後の一階アトリエ。

写真 10：事前リノベーション後の二階ラウンジ。

町医者としての建築家

石榑：最後に、今回特別な状況で考えられた事前リノベーションですが、その意味、あるいは展開可能性はどのように考えているか教えてください。

山道：まずは事前リノベーションを行ったことによって、個人のオーナーの集合住宅であるにもかかわらず、非常に開かれた空間をつくることができたということです。

それと医療のセカンド・オピニオンに近い意味があるのではないかと思います。ファースト・オピニオン（建物の設計者である連健夫さん）と、セカンド・オピニオン（ツバメアーキテクツ）の両方で建物をつくっていくということでしょうか。オーナーさんが連さんにいいにくい要望を、僕らが聞くこともありました。プロジェクトの途中から入ったことによって空気を変えて、プロジェクトを開くことができたと思います。

千葉：事前リノベーションからは、我々が建築家としてつくりたいものを表現していく思考ではなくて、そこにある状況を調整していくという認識をもって設計をしていくことが大事だということを学びました。今回のように、二組の建築家が別々の立場で設計していくという機会はめずらしいと思いますが、こうした認識をもって設計活動を行っていくという意味では、今回の方法を展開することにつながるのだと思います。

建築でも内装でも、何かを設計するということは、既存の状況に対して別の状況をつくりだすので、そこにどんな人やモノの関係性を新たに構築できるのかということに重心をおいて考えていきたいと思っています。

西川：事前リノベーションは、設計者とは異なる視点から「建物をどのように活き活きと継続させていくか」ということを考える試みだったように思います。

建物の持続性と絡んでくる役回りなので、竣工したあとも建物の変化に関係し続けることができるのは非常に面白いです。新しい入居者のための家具を製作したり、ゲストルームの設えを瑠璃川さんと考えたり……。定期的に建物の成長に関われるプロジェクトは貴重ですので、幸せですね。こうした建物をつくることから広がった関わり方は、今までとは少し違う展開につながるのではないかと感じています。

山道：表現をするというよりは、建築的な状況をつくっているという感じでしょうか。いろいろな人が意見をいいやすい状況をつくったと思います。オーナーさんは、建物が竣工したあとも意見をいってくれています。それは一般にはクレームのようだけど、そうではなくて、アイデアなんです。嫌なことじゃない。それはポジティブなもので、持続にすごく寄与することだと思っています。

コラム●ウッドデッキづくり

瑠璃川 崇

プロローグ

紆余曲折を経てようやく立派に出来上がってきた建物は、二階の四つの住戸が支えもなく大きくせり出し、中央ホールのガラス窓の上の傾斜のついた大きなガラス屋根の上を水が川のように滔々と流れ、角地にあることも手伝って、十分に目立つ存在になっています。通りを行き来する人たちは皆一様に不思議そうに見上げていきます。対照的に一階の壁面はグリーン系の色違いのモザイク調に塗装されており、打ちっぱなしのコンクリートの無機質な感じが和らいで、周辺の木立の緑と調和してとてもナチュラルに仕上がっています。ここに広いウッドデッキが配置されれば木のぬくもりが加わって自然な雰囲気がもっと醸し出されることでしょう。

ウッドデッキの構想は設計の初期段階からあったものですが、建物のコスト削減のなかで、建物がほぼ出来上がった段階で荻窪家族プロジェクトのメンバーでつくりましょうということになっていました。

ワイワイ皆でウッドデッキをつくれば、それまでに手づくりのタイルを玄関やラウンジの床に貼ったり、内装の木の部分に桐油を塗ったりしてきた手づくりの思いが、さらに盛り上がることでしょう。

ウッドデッキワークショップ

図面や材料はすべて建築士が用意してくれていましたし、ウッドデッキをつくる工程でもっとも難しく重要な基礎づくりも、設計段階でコンクリートを敷いておいてくれましたので、今話題の旭化成建材の杭打ち（七一頁〈註〉参照）のような基礎工事の心配はありませんでした。

第一日目、我々は根太《ねだ》と呼ばれる床を張るための柱の寸法を測りカットして、デッキ床面が水平になるよう調整する作業に取り掛かりました。

ウッドデッキの設置場所にはコンクリートが打たれており、束石《つかいし》と呼ばれる基礎は必要ありませんので、気楽な気分でおりました。

束柱《つかばしら》と呼ばれる床面を水平に調整できるようなプラスチック製の装置をコンクリートの上に接着して、その上に根太を置きました。

建物からバリアフリーでウッドデッキに出ることができて、幼児が足を挟まないように根太のレベルを水平に調整するのですが、すべての根太を水平にする作業、これが想像以上に難関でした。どこかのマンションのように傾かないといいのですが……。

一日目は床を張るための根太を水平に設置する作業にてこずりましたが無事終了。お疲れ様。

二日目、朝からメンバーが三々五々集まってきまして、床張り作業が始まりました。床材を寸法に合わせて電動丸ノコでカットし、切り出された床材を根太にインパクトドライバーで打ち付

ける作業を行いました。
我々荻窪家族プロジェクトのメンバーはDIY初心者が多く、はじめのうちは工具を使うシグサにぎこちなさがありました。しかし、電動丸ノコに挑戦し、インパクトドライバーで硬い木ネジを打ち込むなかで、それなりの形になってきました。
床板を張る際に床板間の間隔を決めなければなりませんが、雨水の排水効果と安全のための最適な間隔、床材が不足せず余らない間隔を検討し、最適な間隔を決めて床材を張っていきました。

また床下に何ヶ所か雨水の排水溝の点検弁がありますので、簡単に点検できるような仕掛けもつくりました。目立つ部分の床

板の角に面取り加工という細かい処理もして、完成度を上げました。

　無事にウッドデッキの床が張り上がりました。床張り終了。満足。作業をその日に終わらせるためには休む間もありませんでした。

　デッキ材は防腐加工されていますが、さらにデッキを長持ちさせるために好みの色の木材保護塗料を塗装しました。すぐに塗りたい気持ちになりますが、準備することがありました。プロのペンキ屋さんのように、塗りたくないところにマスキングテープとシートで養生という作業をします。養生をキッチリやったおかげで、塗りにくい部分もきれいに塗ることができました。

　塗装作業は重力に逆らう作業なので腕でなく腰に負担がきました。腰痛になっても困りますが、腰の筋トレと思って辛抱強く作業を行いました。塗りにくいところの塗装作業をやっていて思ったことは、時間と労力に余裕があれば前もって床材に塗装しておけば重力に逆らう行為が少なくてすんだかもしれないということでした。

　最後に塗り残しを点検して塗装作業が終了しました。やったー。

エピローグ

通りを歩いていると広いウッドデッキの上にいくつもの乳母車が並んでいるのが見えます。小さなズック靴も見えます。デッキからつながる集会室からは子どもたちの可愛い声が聞こえてきます。子どもの遊んでいる姿を想像するだけで思わず笑みがこぼれます。

集会室で開催されるさまざまな催しにはデッキが出入口になることもあって、デッキに大人の靴が並ぶこともあります。

デッキが屋内と屋外をつなぐ土間のような役割をしているようです。

デッキの上を見上げると、二階の居室がせり出しており、雨の日も脱いだ靴が濡れないですむ使い勝手のよさ。ここまで考慮してあったとはさすがです。

デッキの前の通りは緩やかな下り坂で、大田黒公園まで続き、そこから登り坂になっています。建物は坂に面して建っていますので、デッキは通りから一メートル程高い位置にあり、デッキの脇の一メートル下は駐車スペースになっています。

デッキから続く建物の周りには植栽のスペースがあり、低木、中木、高木を外と中からの景観に気を配って配置しています。

外から建物が見えるようにあくまでもオープンであり、採光を妨げないように配慮しています。常緑樹の美しさもありますが、実のなるもの、花の咲くものなどは、四季折々に美しい表情を見せ、荻窪家族のみならず周囲の住人たちの目をいっそう楽しませてくれます。小鳥の好きなジューンベリーやユスラウメ、グミなども植えていますので、メジロやシジュウカラも来てくれます。

デッキの脇の通りは、一方通行のせいもあり車はあまり通りませんが、荻窪駅に通じる道なので人通りはあります。通りを行く人がよく見えますが、デッキの位置関係から目線を感じることはあまりありません。

秋も深まり、澄んだ空気の空に赤色光に染まった夕日がきれいに見えます。ディレクターチェアに腰を下ろして道路向かいにある大田黒公園の銀杏並木が黄金色に色づいているのを眺めていると、このデッキから見る未来の風景にふと思いが巡ります。

コラム●クラウドファンディングで新しい出会いを見つける

ツバメアーキテクツ（西川日満里）

クラウドファンディングは、今までにない試みや意欲的なプロジェクトに対して、インターネットを通じて不特定多数の人々から資金を支援してもらう仕組みのことです。荻窪家族プロジェクトでは、二〇一四年一二月〜二〇一五年二月までの間、WESYM（ウィシム）というプラットフォームを介してクラウドファンディングを行い、多くの方々のご支援により約二五万円を調達しました。クラウドファンディングを行う理由として、資金調達の他に、さまざまな年代の方に荻窪家族プロジェクトに参加してほしいという思いがありました。そこで、多くのクラウドファンディングでは支援に対するリターン（お礼）として「モノ」を贈るのに対し、荻窪家族コアメンバーの多彩な「人」をリターンとし、クラウドファンディングを通して新たな出会いが見つかるような枠組みとしています。

荻窪家族メンバーはさまざまなバックグラウンドをもった人たちが集まっています。薬剤師、老年社会学者、建築家、訪問看護師、陶芸作家、メンタルケアアドバイザーなど、多様な考え方をもつ人が集まることによって、より面白いコミュニティをつくろうとしています。「人」をリターンとするとはどういうことかというと、例えば松崎淳一さんによる「荻窪街歩きツアー」は、荻窪家族レジデンスにデザイン事務所を構え、荻窪の街をこよなく愛する松崎さんの案内で、駅前商店街やおすすめのお店をまわる散歩に出かけ、街全体を楽しんでもらうことを主旨としたリターンです。また、瑠璃川崇さんによる「世界にひとつだけの化粧品つくり講座」では、化粧品会社に長年勤める瑠璃川さんより化粧品のつくり方の説明を聞きながら、オリジナルの化粧品つくりを体験することができます。

その他、建築家による「マイホーム相談」や「建築・留学なんでも相談会」、元薬剤師他三名による「三人三様の泣き笑い介護トーク」、老年社会学者とシニア向けICT教室運営者による「簡単・安全・楽しい、シニア向けFacebook講座」、訪問看護師による「健康と介護ご相談会」、メンタルケアアドバイザーによる「コラージュ・ワークショップ　新たな自分との出会いと発見講座」など、一三人による八つの講座が設定されました。その他にも、「ウッドデッキワークショップ」「荻窪家族ストーリーブック」、陶芸作家による「壁面タイルの彫刻」、年会費が生涯無料になる「名誉家族会員」など、金額に応じてさまざまなリターンを用意しました。

調達資金の主な使途は事前リノベーション（第二章の四「事前リノベーション」参照。八一頁）の工事費です。具体的には集会室の黒板塗料代、ミラー壁面を覆うためのカーテンの金具代、ラウンジタイル代、リーフレット印刷費、模型製作費などに充てられました。

クラウドファンディングの利用を通じて、荻窪家族プロジェクトをより知っていただくと同時に、支援いただいた方々にとっても新たな出会いにつながることを願っています。

第三章

使われ方の歩み

一――建設以前の活動、コンセプトの検討

◉河合秀之

瑠璃川さんと知り合ったころ

私が杉並区に住みはじめたのは二〇〇九年三月からなので、まだ一〇年も経過していません。住んでみますと、この辺りは武蔵野の緑にも恵まれていますし、都会の利便性も備わっていて、住環境としてはこれまでのどの場所よりも住みやすく感じます。

当初から「何となくいい感じ……」をもっていました。とはいうものの、当然ながら近隣に友人と呼べる人はいないので、何か地域デビューをして、近くの人たちと知り合いになるきっかけがほしいな……と思っていました。マンションの近くにある高井戸地域センターに備わっていたチラシをいろいろ眺めていたところ、NPO法人CBすぎなみプラスが主催する「コミュニティビジネス入門講座」というのを見つけ、なにやら面白そうだと感じて参加することにしました。二〇〇九年の一〇月のことです。

そこの講座の何回目かで、ゲスト講師として招かれていたのが瑠璃川正子さんでした。講師と生徒という立場でお話をしたのが最初です。そのときのテーマは「子育て」に関することで、瑠璃川さんは「二〇〇六年度すぎなみ地域大学　地域で子育て支援講座」の修了生が中心となって立ち上げた「NPO法人ちぃきちぃき」の理事長という肩書でした。私は横浜に住んでいたときに子どもが通う学童保育の保護者会会長を二年続けてしていたこともあって、子育てを通して地域の人たちと関わることを想定して参加したのです。ここで瑠璃川さんと知り合い、その後もCBすぎなみプラス関連のイベントで瑠璃川さんと会う機会が何度かありました。

瑠璃川さんはそのころ、知り合いのある方から阿佐ヶ谷駅近くに建設予定のビル内で学童保育事業をしないかとのお誘いを受けていました。私は横浜での経験から必要な経費や保護者からいただく費用、また運営について自分なりの意見をもっていましたので、先ほどのご縁を通じて瑠璃川さんや関係者の方とこの学童保育の運営の可否について検討を重ねることになりました。かなり時間をかけて議論したのですが、最終的な瑠璃川さんの判断は「ちょっと私には難しい」ということで、先方にはお断りすることになったのです。そのときに、「実は学童保育じゃなくて本当にやりたいことがあって、そっちを優先したい気持ちがあるの」と瑠璃川さんがいったのをよく覚えています。二〇一〇年の春ごろのことです。

そのやりたいことが最終的には今の〝荻窪家族プロジェクト〟という形で結実するわけです。

瑠璃川さんが本当にしたいこと

二〇一〇年の秋ごろからは、私は荻窪の瑠璃川さんのお宅での食事会に参加するようになります。そこには瑠璃川さんとすでに交流があった老年社会学の研究者の澤岡詩野さんや全国マイケアプラン・ネットワーク代表の島村八重子さんたちがいらっしゃいました。

島村さんは瑠璃川さんとのお付き合いが荻窪家族メンバーのなかでは一番長く、最初の出会いは二〇〇一年一〇月にさかのぼります。きっかけは日経新聞に掲載された島村さん関連の記事です。島村さんは二〇〇〇年に始まった介護保険制度で利用者のサービスのベースとなる〝ケアプラン〟をケアマネジャーではなく自分でつくっていこうという趣旨の「全国マイケアプラン・ネットワーク」の代表をされていますが、その発会についての記事が二〇〇一年一〇月三日の日経に掲載されたのです。その記事を瑠璃川さんが読んで、新聞社に問い合わせをして、島村さんと出会うことになります。このころから瑠璃川さんは親しい人には夢を語っていたわけですね。

また澤岡さんと瑠璃川さんの出会いは二〇〇七年で、その後二〇〇八年三月に瑠璃川さんが理事長の「NPO法人ちぃきちぃき」が運営する「ひととき保育方南」のオープンに澤岡さんが取材に来て話をしたのがお付き合いの始まりと聞いています。澤岡さんは瑠璃川さん宅の食事会でも、家庭と職場以外に第三の居場所が必要という話をよくしていて、まだ現実には存在しないこの荻窪家族プロジェクトの建物もそういう場所にしたいと僕たちも話していました。

こうして自身の夢を語る瑠璃川さんの周りに自然に集まったメンバーが、思い思いに「あれした

写真１：瑠璃川亭。

ら、これしたら楽しいんじゃない」という話をしていき、ゆっくりと構想が積み重なっていったわけです。ちなみに瑠璃川さんが誘ってくれるご自宅での食事会を、僕たちは〝瑠璃川組〟とか〝瑠璃川亭〟と呼んでいました（写真１）。

各地の類似施設を見学する

瑠璃川さん自身が経験された〝親の介護〟を通じて、この荻窪家族プロジェクト構想の原型が生まれたということもあり、最初のころは瑠璃川・島村コンビであちらこちらの有料老人ホームやシェアハウスを見学しています。

例えば、「コレクティブハウスかんかん森（東京・日暮里）」「松陰コモンズ（東京・世田谷）」「ＣＯＣＯ湘南（神奈川県藤沢市）」「ケアタウン小平（東京都小平市）」「かあさんの家（宮崎県宮崎市）」などです。

これらの施設を見学し、瑠璃川さんの頭の中で徐々にイメージがつくられていったわけですね。

隣人祭り

〝瑠璃川亭〟で皆でワイワイガヤガヤと話していたある晩、私はふと以前にテレビで見た「隣人祭り」を思い出しました。隣人祭りというのは、一九九九年にフランスで始まった、同じ建物や近隣に住んでいる住人同士が集まって飲み物や食べ物を持ち合い、楽しいひとときを過ごそうという趣旨のお祭りです。パリの小さなアパートで起きた高齢者の孤独死をきっかけに、住人たちが建物の中庭に集まったのが最初だそうです。

その隣人祭りが日本で最初に行われたのが、二〇〇八年の六月のこと。新宿御苑で開催されたこの祭りの様子をＮＨＫの「クローズアップ現代」が取り上げて放映したのを、私は見て覚えていました。御苑の近辺に住んでいるというだけが共通項で、見知らぬ住人同士が隣り合ってお昼を食べているのですが、面白かったのは七〇歳前後とおぼしき実直そうなおジイさんと、歌舞伎町でホストをしているというどこから見ても水商売風のおニイちゃんが、隣同士に座って談笑している光景でした。ほとんどありえない組み合わせ！　でも楽しそうに話している。「お～っ、これは面白い」という思いが頭の隅に残っていたのです。

鍋をつつきながら荻窪家族の構想について話しているうちに、瑠璃川さんの考えていることって、この隣人祭りみたいに近所の人たちも巻き込める住まいだよな、ということがポッと思い浮かんだのです。

「隣人祭りっていうのがあるんだけれど、知ってる?」

「なに、それ」

「かくかくしかじか……で、瑠璃川さんのやりたいことに似ているでしょ」

「隣人祭りっていう名前がいいわね」

「いちど、やってみようか」

　こんな感じで、瑠璃川さん、島村さん、澤岡さん、そして河合でとにかくやってみようとなって動きはじめました。

　最初の関門はちゃんと筋を通して「隣人祭り」という名前を使えるかだったのですが、これは島村さんと瑠璃川さんが動いてくれました。「隣人祭り　日本支部」の事務局を訪問し、年会費を支払って登録し、青とオレンジ色のロゴマークもちゃんと使えるようになったのです。実際にはどんな感じで近隣の皆さんや友人たちに来てもらい、何をしながらこの荻窪家族版隣人祭りをするのかは、四人で決めていくしかありません。日本支部の事務局からもとくに制約は受けませんでした。

さて、どう進めるか……。

　そもそもオリジナルの隣人祭りは、食事をしながら知らない者同士が交流をしていくというものなのですが、こちらで食事の用意をするのはちょっと負担感があるし、持ち寄り方式も何だか参加してくれる人が迷うだろうな～なんて考えているうちに、澤岡さんがグッドアイデアを出してくれたのです。

「わらしべ長者の話みたいに、何か不用品をもってきてもらって、それを交換しながら話をするのはどうかしらね」

「物を交換するんだったら、こっちも準備が少なくていいわね」

「それぞれ、それで行こう!」

振り返ってみてもこれは本当に名案でした。参加者は、他の誰かに差し上げていい不用品をお互いに交換しながら、その小物のことや自己紹介を交えながら話をしていきます。「私は荻窪三丁目に住んでる○○ですが、これってちっちゃくて可愛いらしいでしょ。あなたのもっているそれと交換しませんか……」という感じです。

隣人祭りの旗竿や首からぶら下げるコンシェルジュ(案内係)のネームプレートなどを準備して、第一回目は二〇一二年四月一五日の日曜日に開催しました。私たちとしては、来てくださった人たちが少しでも楽しさを感じてくれて、そしてさっきまでは知らなかった人と会話が始まって、帰るころには一人でも友人が増えていれば大成功~という思いとともに、イベントを企画する楽しみ半分、そして不安半分という気持ちでいました。

当日はお天気にも恵まれ、ご近所や通りすがりの人、さらに事前にお知らせした友だちなど約四〇人の方々が瑠璃川さん宅の母屋とアパートの間にあるスペースに集まってくれました(写真2、3)。最初は皆さん、何をするのかわからなかったようですが、私たちコンシェルジュがきっかけ

写真2、3：隣人祭り。

をつくり、それぞれ思い思いの小物を交換して、見知らぬ者同士がそれぞれに話をしはじめてくれました。ある男の子は近所の大田黒公園で拾ってきた小石をもってきたのですが、その小石は数回物々交換したあとにシャネルの香水となりました。この男の子は素敵な〝わらしべ長者〟だとは思いませんか⁉

この第一回目の隣人祭りに参加してくれた人たちのなかには、現在も「荻窪暮らしの保健室」や各種のイベントに参加してくださっている方々もいます。私は、瑠璃川さんと仲間内に閉じていた荻窪家族プロジェクトが外部にはじめて働きかけをしたこのイベントが、今の荻窪家族レジデンスの使われ方の原点になっている気がしています。

私たちの初回の隣人祭りは、雑誌『ソトコト』の編集部の取材があって、現在も「隣人祭り」のサイトの「『隣人祭り』事例集」に「vol. 32　わらしべ長者に挑戦！　物々交換で地域デビューしよう。」のタイトルで掲載されています（URL は http://www.rinjinmatsuri.jp/instance/pdf/sk1208_article_32.pdf）。

荻窪家族版隣人祭りはその後、第二回を二〇一二年の七月に、第三回を同年一〇月に開催しています。とくにこの三回目は、バイオリニストの柴垣節子さんがアパートの前の敷地で生演奏を披露してくださって、ボクらの隣人祭りのグレードが一挙に上昇した感がありました。隣人祭りはその後も、二〇一三年七月に第四回があり、建物完成後も二〇一五年一一月に第五回目が行われて、地域の方々と荻窪家族の関係者との交流の場として継続して開催されています。

コンセプトの検討と設計

さて、荻窪家族の構想の段階から〝建物建設〟の段階に大きく前進するきっかけになったのは、国土交通省の「高齢者・障害者・子育て世帯居住安定化推進事業」という事業の存在に瑠璃川さんが気づいたことでした。二〇一二年のことです。

この事業は、ハード・ソフトにおいて先導性の高い高齢者・障害者・子育て世帯用の住居に最大で一〇〇〇万円の助成金を出すというものでした。この事業の平成二五（二〇一三）年度の募集に応募して、運よく選定されれば一〇〇〇万円の助成金が使えるので、費用的にかなり助かると読んだわけです。設計を依頼する建築家の先生を探す必要がありますが、これは澤岡さんの人脈から連健夫先生が適任ということで依頼することになります。こうしてついに具体的な〝荻窪家族レジデンス〟という建物の設計が始まりました。

どういう建物にするかについては、瑠璃川さんの構想をベースに当時のコアメンバーもアイデアを出し合いました。ある日の〝瑠璃川亭〟に瑠璃川さんご夫妻、連先生、それから島村さん、澤岡さんと河合が集まりました。島村さん、澤岡さん、河合の三人は思い思いに新しい建物に組み込みたい機能をプレゼンすることになっていました。

島村さんからは、近隣の人たちの介護や健康に関しての相談拠点をこの建物に置きたいというアイデアが出されました。新宿の戸山団地にある「暮らしの保健室」の荻窪家族版ですね。また澤岡さんからは、杉並区に住む知的な階層を意識して〝MY書棚〟を置こうという提案が出されました。書棚を利用する人が興味のある分野の本を置き、同じ分野に関心のある人がそれを見て話のきっかけや交流が生まれる可能性があるかもしれないというアイデアです。私は〝工房・工作室〟をつくってほしいというプレゼンをしました。小中学生の夏休みの宿題を近所のオジさんが一緒に手伝うことができる場所というイメージです。ペントハウスか地下室のような秘密の隠れ家的だといいなと思っていました。これは現在〝アトリエ〟として実現しています。こういう三人の提案も連先生が取りまとめて建物の機能として取り入れてくれたのです。

こうしてこの時点では、
・単身者向け賃貸住宅

・子育て支援機能
・高齢者デイサービス
・暮らしの保健室
・工房・工作室
・MY書棚
・オーナー住居

を一体化した建物というコンセプトにまとまったわけです。

当初の構想と現在出来上がった実際の建物の大きな違いに、デイサービス機能があります。コアメンバーで議論していたころは、高齢者の方中心の建物イメージを誰もがもっていたのです。しかし、デイサービス機能をもたせて運営していくには送迎の車や食事の提供、さらに介護士さんの雇用などさまざまな課題が出てきますし、どうも現実的ではないということで、最終的にはこの機能は盛り込まないことになりました。また、瑠璃川さんもここを〝老人の館〟にはしたくないというイメージをはっきり打ち出すようになってこられたのです。デイサービスのためのスペースに代わって出てきた空間の利用方法が、地域に開放した空間として今の集会室やラウンジになっています。

さて、こうした建物のイメージを固めつつ、助成金を獲得する気満々で国土交通省の二〇一三年度の事業説明会に瑠璃川さんと連先生が臨んだわけです。私もあとで聞いてびっくりしたのですが、二〇一三年度はこの事業の最終年度にあたり、九月以降に着工して年度内に完成させることが応募条件だったそうです。前年度までの募集要項ではそういう縛りはなく、最終年度ゆえに追加された要件……。そんな短期間に工事が完成するわけもなく、説明会出席者からはこの事項に関しての質問が殺到したと聞きました。結局、荻窪家族プロジェクトとしても断念せざるをえなかったのです。

こういう事情で助成金の獲得には至りませんでしたが、この事業の提案準備を契機に、今まで瑠璃川さんの頭の中だけの構想だった荻窪家族プロジェクトが、実際の設計・建築と進み、現実化に向けて大きく前進することになったわけです。

二――百人力サロン

◉関屋利治

「地域に開く」ために

居住者以外の方も使える、いわば地域の交流拠点として「荻窪家族プロジェクト」を象徴するといってもいいのが「百人力サロン」です。

こうした目的のもと、一階部分にラウンジ・集会室・アトリエを設けることは設計の段階から決まっていましたが、地域に開放するといっても、具体的にどのようにするかについては、施工が開始されてもなかなか決まらず、コアミーティングで議論が重ねられました。

「サロン」はフランスにおいて応接室や談話室を意味する単語として生まれ、転じて知識人が集い交流し、意見も交わす場を指す言葉。居住スペースと同一建物内であり安全・安心を優先したいという瑠璃川さんの希望と、落ち着いた住宅街という荻窪の地域性から、当初「静かな大人の場」というイメージの「大人サロン」が仮称として使われていましたが、議論が深まるにつれ、地域開放・多世代交流という視点から、若い人も参加しやすい名称・内容にしたほうがいいという意見が強くなり、コンセンサスを得ていきました。最後まで決まらなかった名称も、クラウドファンディング（コラム「クラウドファンディングで新しい出会いを見つける」参照。一〇九頁）スタート直前に「百人力サロン」と決まり、方向性が見えてきました。

行政とは違い、公平性を担保せず、自由に特徴を発揮できるのが市民発のよさ。そこに集う人々が結論を急がずに議論を重ねることが、足腰の強さ、土台固めとなることを感じました。

「場」としての荻窪家族

さて、ようやく名前が決まった百人力サロンですが、その仕組みづくりではまた新たな問題に直面しました。荻窪家族プロジェクトのソフトの柱となるべきものなのですが、一つは、これを運営する核になる人材が足りないということ、もう一つは、メンバー予定者に居住者とご近所の方が少なかったことです。

その時点では居住予定者は一軒だけ、コアメンバーには建設の専門家が多く、他のメンバーにしてもご近所さんがほとんどおらず、また現実に利用を考えているメンバーが少なかったので、サロンの具体的な利用イメージが湧きづらく、参加者の関わりが少ないなかでどこまで決めていいのか、悩む時期もありました。

そのなかで辿り着いたのが、建物と同じく「余白のあるデザイン」「永遠に進化し続ける」でした。参加を検討されている方に集まってもらい、暫定的に決めたことを説明するとともに、具体的な使い方の実例やそのための希望をヒアリングすることで、よりよいものを皆でつくっていくことにしました。

百人力サロンの歩み

①二〇一四年一二月まで：コアミーティングで議論。サロンの名称、イメージを固める。
②〜二〇一五年三月まで：コアミーティングで仕組みや内容、会費などの概要を決定。
③〜二〇一五年六月まで：引き続き検討しつつ、見学会などでの概要説明、チラシ作成。
④二〇一五年六月一一日：見学会・HP・FBで告知して参加者を募り「百人力サロンキックオフミーティング」を開催、概要説明と参加者の希望をヒアリング。
⑤二〇一五年八月一日〜：百人力サロン利用開始、入会受付スタート。「百人力サロン説明会&お茶会」を月例イベントとして継続的に実施。

④の「百人力サロンキックオフミーティング」で説明用につくられたチラシが図1です。このチラシで、メンバーになるとできることと、メンバーになってほしい方を明確にしました。

《できること》

・開館時間中の自由な一階ラウンジ利用（オプションとしてMY書棚の利用可）

新たな地域の交流拠点「百人力サロン」

荻窪家族レジデンスには、居住部分１４室と、地域に開く多様な地域開放スペース（１階ラウンジ・アトリエ・集会室）があります。

心配事があっても力強く思える仲間を得、また仕事で出会えなかった仲間からのアイデアを得、与える事が楽しくなれる･･･まさに百人力を得る事ができる場であり自らも仲間を支える百分の一になれる場として活用していただければ。と思い、ここに『百人力サロン』という名のメンバー組織を作ります。

この百人力サロンは、ここに集う多様な人たちがそんな風に交わり合いながら互いに力と知恵をつける場です。

なのでメンバーになって欲しい方は
① 趣旨、コンセプトに賛同する方
②利用者ではなくメンバーとして百人力サロンの主催行事や月例ミーティングへ積極的に参加できる方
③後片付けできる人

どんなことできるの？　⇒　自由なアイディアでどんどん使ってください♪


住人、メンバーになって頂いた地域の方々の誰もが利用可能な自分らしさを実現させる居場所です。

散歩や買い物の行き帰りに立ち寄って、読書や調べものをしてもよし、講座を受講・開講して知的好奇心を満足させるのもよし、アトリエで趣味の手仕事をしてもよし、そんなワクワク・ドキドキの詰まった場です。

☆１階ラウンジ

☆アトリエ

【MY書棚】ラウンジに設置されたレンタル書棚：お気に入りの本やオブジェを置いたり自由にご利用を(オプション).

☆集会室

集会、講座のみならず子育て支援や保健相談など、多様な使われ方を想定。片側の壁は大きな鏡となっていますのでヨガやダンス、太極拳などの練習もできますね
キッチンもありますので地域活動やパーティなどの集い、講座を受講したり、ご自身で講座を開催することもできます

図１：チラシ。

・集会室の占有利用
・アトリエ（工房）の利用
《どんな方にメンバーになってほしいのか》
・百人力サロンの趣旨、コンセプトに賛同する方
・ただの利用者ではなく、メンバーとして百人力サロンの自主事業や月例ミーティングなどへ積極的に参加できる方
・後片付けできる方
また、その後の議論のなかで、入会には推薦制度を設けることにしました。

【推薦制度】
居住者が暮らす建物でもあり「安心・信頼・心地よさ」を確保する視点から、新規入会には推薦メンバー（コアメンバーの七人）の誰か一人の推薦が必要であり、推薦者は責任をもって被推薦者をフォローすることとする。

これは、任意団体の組織運営に長けたメンバーがいるわけでもなく、何より事務局として関われるマンパワーに限りがあるなか、急にサロンメンバーを増やし活動を大きくするより、信頼する人から人へのつながりのなかでゆっくり広げようとする判断でした。現時点では想定どおり、ゆっく

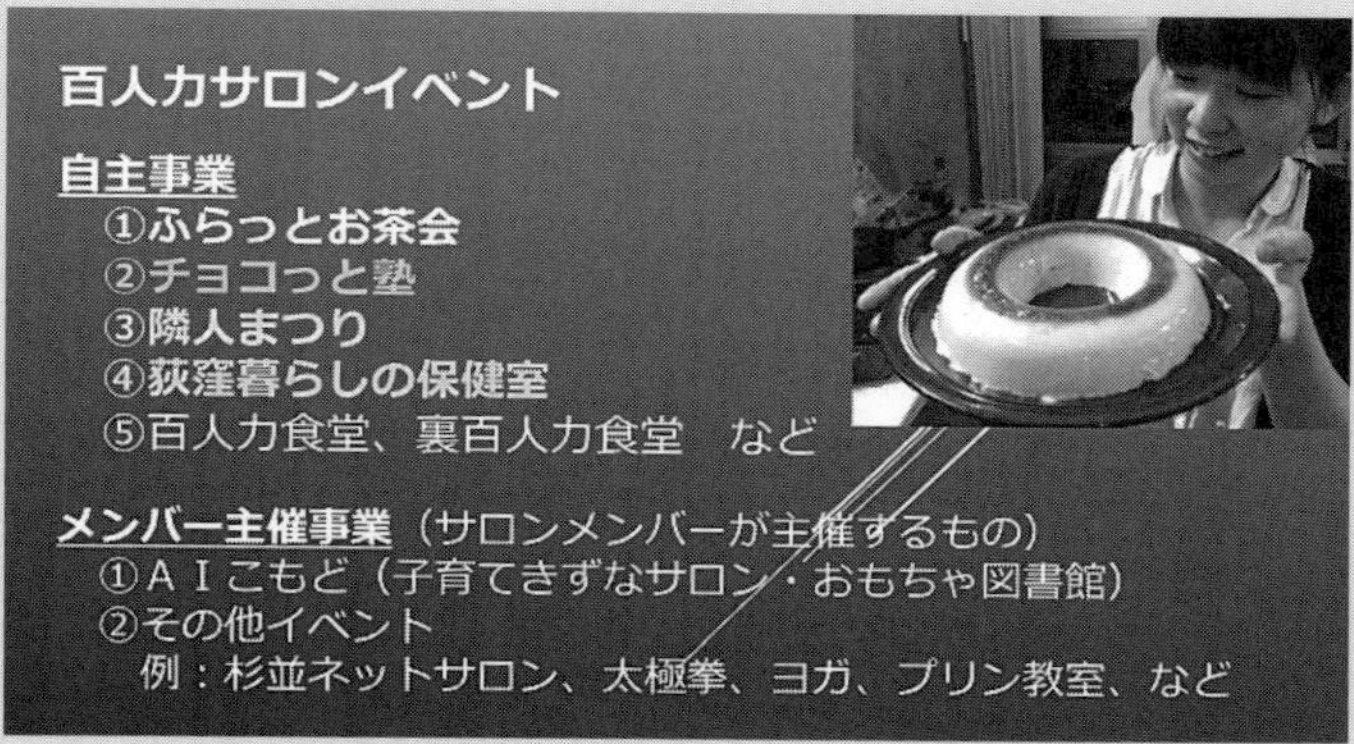

図2：自主事業とメンバー主催事業のイメージの図。

りではあるけれど、信頼できるメンバーが確実に増えてきつつあると感じます。

また、集会室は占有利用（有料）できますが、主として営利目的のものや対象者や目的が百人力サロンのコンセプトと無関係なものを排除し、サロンの雰囲気を保つため、集会室の企画書兼利用申請書には、そのイベントが「百人力サロンにふさわしい理由」を書いてもらい、事務局で審査することにしました。

百人力サロンの二つの事業
「自主事業」と「メンバー主催事業」

「自主事業」は百人力サロン事務局で主催するもので、いずれもどなたでも（メンバー以外の方でも）参加できるものです。現在図2のようなものがあります。以下、簡単に紹介します。

○ふらっとお茶会：予約不要、参加費二〇〇円。

お茶と少しの菓子と有意義な時間＝「場」を提供するもの。事前に決まった話題は設けず、むしろ話題提供歓迎。「どんなふうに考える？」ということなども歓迎で、話題はきりがありません。いい時間、楽しい時間を参加者全員でつくる場です。

○チョコっと塾：予約不要、参加費三〇〇円。お茶と少しの菓子付き。

塾というと教えるというイメージがありますが、例えば社会人を長年してきた方はその仕事のことに詳しく、若い方は若い方なりに柔軟な発想の話ができるはずです。趣味が高じて「セミプロ」といえる方もいたり。そんな、「近所の（隠れた）専門家」、街の「達人」にお話をうかがう場です。人は誰しも一回きりの人生、自分が通らなかった道の話を聞くだけでも豊かになれます。そして後半には、質疑応答や感想をシェアするような双方向の場となります。

「ふらっとお茶会」も「チョコっと塾」も竣工の一年以上前から継続して行っており、常連さんと初参加の方がバランスよく交じる和気あいあいの場となっています。

○隣人祭り：予約不要、参加費不要。

誰しもがもっている「今は使わないが、捨てるには忍びなく、誰かに使ってほしいもの」を持ち寄り、交換して、モノの命を甦らせようというもの。ウッドデッキや集会室では、ご近所さんが持ち寄ったものでワイワイ。お茶などもふるまい、道行く人も気になってのぞき込んだり、小さなお祭りとなっています。

○百人力食堂：二〇一五年一〇月からスタートしたもので、お料理上手のボランティアの方が担当して調理してくださり、平日に集会室で一緒にお昼を食べるもの。一汁三菜のお昼ごはん（五〇〇円）でメニューはその日のお楽しみ（メニューの一例としては、ロールキャベツ、サラダ、付け合わせ、ごはん）。初対面の方も「共に食べる」ことで自然と仲よくなれるのが「食の力」。ご近所さんでまだ百人力サロンにはあまり興味のない方が、これをきっかけに参加しはじめるケースも出てきています。

○荻窪暮らしの保健室：詳細は第二章の三「荻窪暮らしの保健室」（一三三頁）で。

「メンバー主催事業」はサロンメンバー各人が主催するもので、これまで行われたものは次のようなものがあります。

○AIこもど「きずなサロンみんなの広場ほっぺ＋おもちゃ図書館」

子育てしているママやパパ、孫育てしているばあばやじいじ、皆で子どもと一緒に楽しい時間を過ごしながら情報交換できる場です。お昼ごはんをもってきてゆっくり過ごせ、困ったことやびっくりしたことも持ち寄れるところ。夏はテラスに幼児用プールを出して水遊びするなど、とてもにぎやかです。小さな子たちが荻窪家族に元気、笑顔をもってきてくれます。

○杉並ネットサロン四月講演会〝iPadで愉しむ　健やかスマートシニアライフ〟（一四九頁）

○健康太極拳

○シンギングボール＆アロマ～真夏の夜の癒し～

○クリスマスの飾り付けワークショップ（コラム「学生から見た『荻窪家族レジデンス』」参照。一九七頁）
○国際プリン協会「プリンセミナー&プリン検定と交流会」

現状と今後の課題

百人力サロン始動から約半年。仕組みや規約もやっと整理されつつあります。メンバーも少しずつ増えており、とくにご近所の方が入りはじめたのがうれしいです。

自主事業においては、百人力食堂と、夜にアルコールありで二〇一五年一一月末から始めた「裏百人力食堂」がサラリーマンなど日中のイベントに参加しづらかった方の人気を集め、盛り上がりつつあります。「食」がもつ力がこれからの百人力サロンの大きな推進力になりそうです。また、多くのイベントに居住者が積極的に参加し交流されていることも、とても素敵なことと感じます。

今後の課題は、とくに次の三点です。

①ご近所さんのメンバーを重点的に増やす（今後も地道な宣伝・広報が必要）。
②事務局および管理人のマンパワー不足の解消（新たな人材の発掘・勧誘）。
③地域の方に関心をもってもらいやすい多様なイベントの開催、場の提供（「コミュニティカフェ」など）。

ほかにもたくさんの課題は残っていますが、「メンバーが主体的に関わり進化し続ける」のが百人力サロン。今後の展開が私自身とても楽しみでなりません。

三――荻窪暮らしの保健室

◉上野佳代

「地域でゆるくつながり子どもからシニアまでより元気に暮らす。その人それぞれの心と体の元気を支えるための拠り所となる場所がほしい」。そんな願いを支える一助として「荻窪暮らしの保健室」が開設されました。二〇一五年五月九日（土）のことです。看護師（大学教員）である筆者が、この保健室の立ち上げにどのように関わってきたのか、そして開設後、現在荻窪暮らしの保健室がどのような場所になっているのか、について述べたいと思います。

筆者の場合、「第三の居場所」の視点をもつ澤岡詩野さんが瑠璃川正子さんの活動に参加している、ということで興味をもったのがそもそもの始まりでした。そこからホップステップジャンプをして魔法の絨毯（五五頁）に飛び乗ったというところでしょうか。

筆者の看護師経験のなかに、高齢者や中途障害の方を対象とした訪問や、介護保険認定調査、精神・知的障害の方を対象とした自立支援認定調査があります。また、研究活動のなかに「高齢者が過ごす福祉センター」でのフィールドワークがあります。そのキーワードが「高齢者の過ごす場所&居心地」です。それらの活動のなかで、看護職としてできることはあるのか、今、保健医療福祉職ができることは何かを考えてきました。

高齢者にとって「慣れ親しんだ環境で年を重ねていく」「住み慣れた地域で自分らしく最期まで過ごす」ことが大切だといわれていますが、住み慣れた地域で元気で過ごし続けていくには、家とは異なるもう一つの居場所（第三の居場所）が必要ではないか、そこで看護職として何かできることはあるのかを考えている筆者にとって、瑠璃川さんが創り上げようとしている地域に開かれた保健室のある住まいや、そこで繰り広げられる過ごし方は、魔法の絨毯だったのです。荻窪家族レジデンスの保健室のある住まい方を聞いたとき、デンマークのプライエボーリ（介護住宅）のような、介護なし自律型の建物で奥が深い場所と感じ、その新しさに衝撃を受けたことを思い出します。そして瑠璃川さんの思いのあふれた魔法の絨毯に乗り込んだのです。

たとえ慣れ親しんだ環境で暮らしていても、高齢になると誰もが、心や体の健康、介護への疑問や不安をいだくものです。それでも、ちょっとした疑問は公的機関や病院に行くほどではないと思い、すぐに相談には行かないことがあります。その解決のためには、身近に相談できる人や場所が必要です。「自分では気づかない、実は困っていることの解決のきっかけを得る」「より元気でいるための予防になる知識を得る」そんな保健室が身近にほしいという瑠璃川さんの思いは、荻窪家族レジデンスのなかに保健室を開設するという形となりました。そして、杉並区が「包括的支援事業」の充実している地域であることもふまえ、杉並区荻窪を中心とした地域に居住している子どもからお年寄りまで、すべての人々の「いつまでも元気で」過ごしたいという願いを支え、荻窪での暮らしの一助となる「まちの保健室」となればと考え、「荻窪暮らしの保健室」と命名されたのです。

看護職である筆者がはじめて関わった二〇一三年七月当時、瑠璃川さんは杉並区に居住または勤務する保健医療福祉の専門職とさまざまなつながりをもっていました。そのつながりから、理学療法士、社会福祉士、ヘルパー、訪問看護師、そして老年社会学研究者、介護保険プランニングアドバイザーが荻窪暮らしの保健室に関わることになりました。その後、荻窪家族レジデンスの見学会や専門家同士のつながりのなかで、さらに小児科医、歯科医、作業療法士、臨床心理士、薬剤師の協力が加わっていきました。地域で生活する人の心と体を支えるためには、多職種の専門家の専門性とその関わりが重要です。加えて、この荻窪暮らしの保健室をインフォーマル（私）な拠点の一つとして地域包括ケアというフォーマル（公）につなげる必要があると考え、そのために杉並区の地域包括支援センターの社会福祉士にも相談員として協力してもらうことになりました。

立ち上げに向けては、秋山正子さんが新宿区に開設している「暮らしの保健室」を参考に、杉並区の荻窪という地域に合わせ、かつ現在協力してくれている保健医療福祉職ができる可能な形を検討しました。秋山さんには運営に向けての助成やボランティア協力の形など現在も多大な助言をいただいています。また、社会福祉協議会の社会福祉士、杉並保健所の職員も見学に来てくださいました。さらには、高齢者在宅支援を担当する行政とのつながりを得ることが重要だと考えています。

日本におけるまちの保健室開設の二つの流れと荻窪暮らしの保健室の位置づけ

地域に開かれたまちの保健室開設の成り立ちは、一九九六（平成八）年に起きた阪神淡路大震災にさかのぼります。地域の人々の心と体を支えるために、厚生労働省はまちの保健室開設を推奨し、全国にまちの保健室が拡がっていきました。まちの保健室が増室されていく経緯には、日本看護協会が大きく関わっているといわれています。その後、日本看護協会以外にも大学や訪問看護ステーションなどを母体とした「暮らしの保健室」などの保健室が開設されていきました。それが開設の一つの流れです。もう一つの開設の流れとして、日本看護協会などの組織ではなく個人が開設する保健室がありました。荻窪暮らしの保健室は、自分の土地家屋を利用して、「地域に開かれた、ちょっとした健康や介護の相談できる場所をつくりたい」という瑠璃川さんの思いから、賛同する保健医療福祉の専門職がボランティアの形で参加している、個人が立ち上げたまちの保健室です。

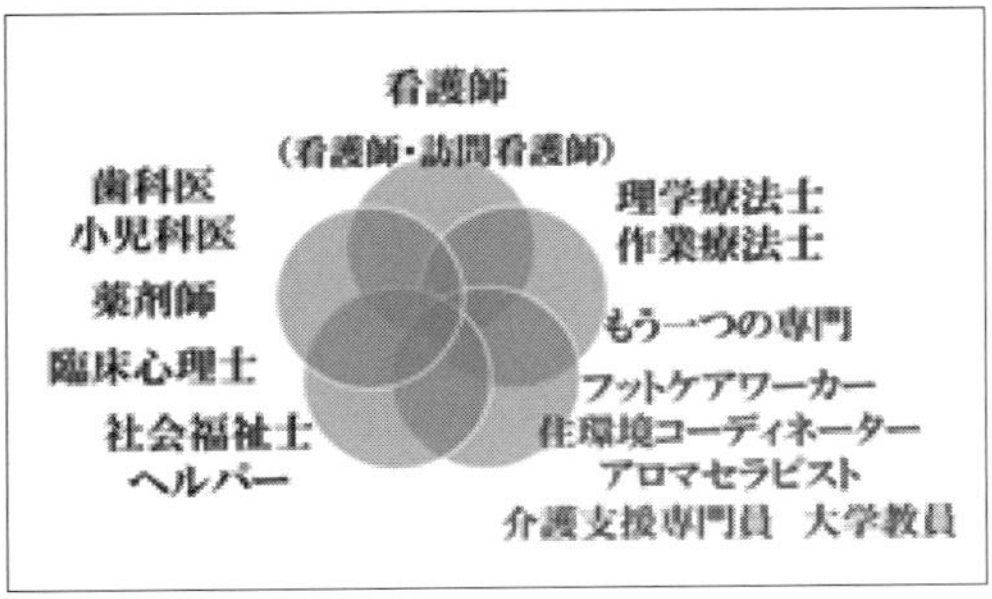

図１：荻窪暮らしの保健室において協力を得ている多職種専門家（H28.1.4 現在。筆者作成）

相談体制を考えたとき、看護協会が関わってきた経緯もあって、今までのまちの保健室の多くは看護職が中心です。しかし、瑠璃川さんのもとに集まってきたのは、さまざまな保健医療福祉の専門家でした（図1）。相談を受ける人にとって多職種の専門家に相談を受けられるということはとても重要です。今までの保健室の多くで見られるように、例えば看護職が総合的にマルチに相談を受けることも一つの理想かもしれません。しかしながら、まちの保健室で多職種の専門家に相談を受けられるということは、病院を含めたさまざまな公的な場所における専門性を地域にもってくるということです。多職種の専門家に一つの場所で相談することができる保健室があれば、それは健康や生活機能維持向上をサポートする相談システムとなり、荻窪地域に住み続けるうえでの安心につながります。

そして、ついに多職種の専門家の協力を得た、荻窪暮らしの保健室の開設となったのです。

荻窪暮らしの保健室で求められる保健医療福祉の専門家の役割

荻窪暮らしの保健室のある東京都杉並区は、平均寿命女性八八・二歳、男性八一・九歳（日本地域番付サイト全国四七都道府県一九四五地域を対象として〈二〇一〇〉であり、東京都内では男女ともに第一位です。平均寿命というのは、介護が必要な状態、例えば要介護5の状態の人も含まれるので、いつまでも元気に過ごす健康寿命を維持増進することがのぞまれ、平均寿命と健康寿命の差を縮小することが推奨されています。健康寿命をいかに伸ばすかが大切だということです。

健康寿命とは、いわゆる死亡までの寿命とは異なり、寿命のなかでどれだけ「健康な期間」があるのかということです。健康寿命の延伸や要介護状態を減らすことが、保健医療福祉の役割として重要で、生活習慣病予防や介護予防に取り組む必要があります。加えて加齢とともに健康状態に心配事が生じてくると思われるので、その実態を十分把握しておくことも必要です。

厚生労働省国民生活基礎調査結果における厚生労働省大臣官房統計情報部の報告（平成二五年）「グラフでみる世帯の状況」によると、健康状態に関する意識として、自分の健康状態が「よい」「まあよい」と思っている人（六歳以上）は三八・五％です。高齢者の男女別に見ると、自分の健康状態を「よい」「まあよい」と感じている六五歳以上の男性は二七％、女性は二三・七％です。さらに七五歳以上になると、「よい」「まあよい」と感じている男性は二二・九％、女性は一八・七％であり、年齢とともに健康状態に関する心配事が増えていることがわかります。したがって、具体的に健康状態に関する心配事を考えるには、加齢とともにどのような健康障害や生活に不自由が生じるかについて知る必要があります。六五歳以上の要介護の原因を見ると、脳血管疾患による例えば麻痺による上下肢機能障害や嚥下障害、転倒・骨折による生活の制限、認知症などによる日常生活での心配事などが生じています。

一方、地域で暮らす高齢者は、厚生労働省「介護保険事業状況報告の概要」によると、要介護認定者数は二〇一四年一〇月に六〇〇万人を超え、六五歳以上の約一八・〇％を占めたといわれます。が、見方を変えれば、残りの八〇％は自立しており元気なのです。健康障害があってもなくても、要介護状態であってもそうでなくても、安心してより元気に過ごせることが健康寿命の推進につながると考えられます。

そこで、当保健室の高齢者を中心としたニーズとして、加齢とともに生じ、要介護の原因によっても生じる生活上の心配事、その当事者あるいは介護者それぞれの立場の相談事への対応が求められてきます。加えて、平均寿命の高い地域だからこそ、年齢による要介護の原因の違いにも配慮する必要があるでしょう。要介護の原因は年齢によって異なります。たとえば、前期高齢者では脳血管疾患が多く、後期高齢者では高齢による衰弱いわゆる廃用症候群が増えるといわれています。転倒・骨折や認知症の予防のほか、高齢による衰弱に対しては、生活意欲の向上のために、長老の知的好奇心に働きかけることも視野に入れることが重要です。

荻窪暮らしの保健室における相談には、看護師だけでなく、さまざまな専門職が対応しています。運動機能や腰痛体操などについては理学療法士、脳血管疾患に伴う嚥下機能の低下をふまえた摂食嚥下については歯科医師、生活機能については作業療法士、介護保険申請や住環境調整、福祉用具については社会福祉士、精神面では臨床心理士などです。また、健康面を総合的にアセスメントするのは看護師です。このように多職種の専門職が当番制で在室するまちの保健室をめざしています。

今まで述べたことの多くは中高年から高齢者の健康寿命をいかに延ばすかの話でしたが、子どもから高齢者まで、さまざまな世代の人々が少しでも元気に過ごすために、保健室が、お茶を飲みながら気軽に話ができる場であり、家とは異なるもう一つの居場所（第三の居場所）となることも期待しています。

さらに荻窪暮らしの保健室は、個人が開設したインフォーマル（私）なまちの保健室ですが、フォーマル（公）な場所との連携を視野に入れた相談拠点とすることもまた重要です。保健室では、公的なつながりのある社会福祉士が関わっています。区の地域包括支援センター（ケア24）などフォーマル（公）な場所とつながることで、インフォーマル（私）な保健室はより地域に開かれた拠点をめざすことができます。

荻窪暮らしの保健室のコンセプトを決めるプロセスと開設について

荻窪暮らしの保健室における、開設に向けてのコンセプトを決めるにあたり、既存のまちの保健室を見学しました。とくに参考にさせていただいたのが、秋山正子さんが主宰する新宿区の「暮らしの保健室」です。この保健室は、英国のマギーズセンターを参考に、がんの人々をサポートすることを一つの特徴としています。さらには集合住宅に住む人々のサポートを中心に相談に応じています。マギーズセンターとは、英国発祥のがん患者の不安を軽減するための場所で、英国人造園家のマギー・ジェンクスが自身のがん経験から「建築と景観が一体となった環境（場所）を創り患者の不安を軽減する」ことが必要だと考え創設したものです。秋山さんは、日本でも「がんの治療においても外来期間が長くなる一方で、十分な相談はどこでも受けられず、生活上の困り事や病気についての悩みを気軽に相談できるところがない」ことから、そのような相談にも気軽に対応できる場所として「暮らしの保健室」を開設したのです。運営には訪問看護ステーションが関わって保健室に看護職を配置しており、月曜から金曜まで毎日開室しています。

荻窪暮らしの保健室の立ち上げで当初関わっていたのは、理学療法士、ヘルパー、薬剤師の瑠璃川さん、老年社会学研究者の澤岡さん、看護師（大学教員）の筆者でした。澤岡さんは、研究者の視点として、暮らしの保健室の可能性について、「介護保険制度の改定、地域包括ケアシステムの再構築、在宅で最期まで暮らし続けるための地域づくりが課題視されるなかで保健室への期待は高まるが、認知度の高い『暮らしの保健室』をそのまま各地で同じように運営するのではなく地域特性に応じたあり方の検討が必要である」と述べています（澤岡、二〇一五）。筆者は、神奈川で介護保険認定調査員をしていた経験から、神奈川のその地域に住まう人々のニーズと、集合住宅が近郊にある地域、そして古くからの住宅地である荻窪の地域ではその暮らしは異なっているので、そこにいる人の暮らしのなかにあるニーズをより知ることが必要だと考えていました。

コンセプトを考えていくなかで、荻窪には荻窪という地域に合った暮らしがあり、荻窪の暮らしを支えること、地域性を考慮することが重要であることを話し合いました。そのためには、一つめに地域に住まう人々に開放し、二つめには賃貸住宅であるレジデンスに住まう人々の相談できる場所にするということです。以下は、コンセプトと活動内容です。

地域でゆるくつながり子どもからシニアまでより元気に暮らす。その人それぞれの心と体の元気を支えるための拠り所となる場所がほしい。そんな願いから「荻窪暮らしの保健室」を荻窪家族レジデンス内に開設し、杉並区荻窪を中心とした地域に住まう子どもからシニアの人々の医療や健康、介護について相談できる場所とする。

活動内容として、

①定期的な開室日を設ける。開室日は月に四回（第一・三水曜、第二・四土曜）である。

②保健医療福祉に従事する専門家、介護や子育てについてよく知る専門家・相談員等が相談を受ける。

③子どもから高齢者を対象とした医療や健康、介護、生活に関する情報を提供する講座を開催する。

保健室における相談内容の守秘義務、個人情報を保守しつつも、介護保険申請などの具体的支援につなぐことができるように、杉並区地域の医療福祉の拠点との連携も大切に活動をしていく。そして、この保健室は、地域で住まう人々が〈慣れ親しんだ環境で年を重ねていきたい〉〈住み慣れた荻窪地域で自分らしく〉〈いつまでも元気で過ごす〉といった願いを支えるための一助とする。

保健室の運営上の課題

保健室運営の課題は三点あります。

①地域に根づくための継続した地域ニーズの把握

②保健室内の専門家の連携、地域における医療・保健医療福祉との連携

③個人事業である荻窪暮らしの保健室における先を見越した運営のあり方

第一に、地域に信頼され、荻窪地域の方々に利用していただける拠点となるために、専門家が知恵を出し合い、継続した取り組みが必要です。第二に、地域医療機関や公的保健医療福祉とのつながりもまだまだこれからです。最後に、荻窪暮らしの保健室は荻窪家族プロジェクトの取り組みの一つですが、初年度運営資金は、市区町村などの公的なものではなく、地域活動の助成申請によって得ました。個人事業として立ち上げるまちの保健室は、市区町村の公的助成やＮＰＯによるところなどさまざまです。今後の運営のあり方が課題です。

保健室開設後の様子

開設当時は、杉並区のほか、それ以外の東京や神奈川などの地域の方の見学や予約の相談もありましたが、現在では近郊や荻窪家族レジデンスにお住まいの方が多く、お茶を飲みながら数人の方のお話をお聴きしたり、専門家が三〇分程度のミニレクチャーを準備し聴いていただいたりして過ごしています。ミニレクチャーは、理学療法士による「運動」や、作業療法士による「生活時間の使い方」、歯科医による「お口の健康の話」、看護師による「熱中症の話」などです。

来ていただいた方からは、「いろんな方との会話のなかで今は必要ないけど知っておいたほうがよいことを知ることができてよかった」「話を聴いてもらい少し楽になった」「歯医者では口を開けての治療だから、ゆっくり気になることは相談できないので、『お口の健康』の講義と質問できる機会は役に立った」などの感想をいただいています。

ここでは荻窪暮らしの保健室について看護職の視点で述べていますが、他の専門職から見たこの保健室のあり方や思いについても発信できればと考えています。多職種が関わっているという利点をより生かすためには、専門職個々のなかにある思いをお互いに理解し合い集結することが大切です。専門職間での話し合いをもちつつ、柔軟に変化し続ける荻窪暮らしの保健室をめざします。

【参考文献】

秋山正子（二〇一四）「つなぐ機能をはぐくんだ「在宅医療連携拠点事業」（実践報告5）二〇一一～二〇一二年度――ステーション「暮らしの保健室」で開花した訪問看護の相談機能」『訪問看護と介護』一九（一）、四七‐五二頁

厚生労働省ホームページ：http://www.mhlw.go.jp/toukei/list/dl/20-21-h25.pdf／http://www.mhlw.go.jp/topics/kaigo/toukei/joukyou.html

松岡洋子（二〇一一）『エイジング・イン・プレイス（地域居住）と高齢者住宅――日本とデンマークの実証的比較研究』新評論

澤岡詩野（二〇一五）「地域特性に応じた「暮らしの保健室」の在り方を考える――荻窪家族プロジェクトを事例として」『Dia News』八一号、八‐九頁

四――チョコっと塾、ふらっとお茶会

◉瑠璃川正子

地域に開かれた場所を、一人一人が自分に百人力をつけ、自分も他の人の百分の一力になれる場として、利用していただくために百人力サロンがあります。そのなかのメニューとして「チョコっと塾」と「ふらっとお茶会」を開催しています。

ふらっとお茶会

建物の建築中から、荻窪駅近くのカフェ「ルココ」で、お客さんが少ない時間帯の一四時から一六時をほとんど貸し切り状態で、ふらっとお茶会を月二回、チョコっと塾を月一回開催していました。カフェのオーナーの方にも気に入っていただき、応援していただいていました。

建物が出来上がってからも、ふらっとお茶会は、月一回は島村八重子さんと瑠璃川で開催し、もう一回は澤岡詩野さんと瑠璃川で開催しています。実に簡単なのですが、自己紹介から始まり、なぜ参加したかなどを話しているうちに、それが今日の話題になったりして、気楽でためになることばかりでした。カフェで開催していたときには、フェイスブックつながりの方が多かったのですが、集会室での開催になって、じわじわ地元の方々へ知られてきているようで、参加の方の顔ぶれが変わってきました。

参加の地元住民の方も、ただのおしゃべりだけでないものを望んでいるように思えてきました。参加者に話題を考えてきてもらうのもいいし、島村さんに介護保険のことを聞く機会になればいいし、澤岡さんに国が抱えている状況や地域としてどのように関わっていったらいいかなどを聞く機会になるのもいいかと練っています。新聞やテレビで子育て世代も高齢者世代もこれからの暮らしなどが話題になっても、実際の生活にどんな具合で表れてくるのかを実感できずにいるかもしれなく、これを話題にするのもいいのではと思ったり、また固い真面目な話題とともに、趣味の話や驚いたことや皆が知らないことなど、話題はきりなくあっていいと思っています。

このように常に変化しつつ、よい時間になるよう皆で参加し創り上げていき、これを機会に知り合っていただければ、何かあったときに誰かが気づいてくれる、気づいてあげられる、声をかけてくれる、声をかけてもらえる……この関係を大切にしていきたいと思っています。

チョコっと塾

次に、チョコっと塾の話です。塾＝教えるというと、何かたいそうな話を想像しますが、そうではなくて、社会人としてお仕事してきた方はその道のことをよくご存じですし、若い方は感受性が強く出会ったことに対して既成概念でないものをもっているかと思いますし、趣味をおもちの方などは、ぜひその道のさわりだけでもいいので、自分以外のその世界を知らない人に話していただきたいと思っています。もちろんプロの方からのお話も歓迎です。

一回限りの人生なので違う道は経験できませんが、二度は通れない道をそれぞれの方がそれぞれの道を歩いてきました。誰も他の方の道を歩けないし、お話を聞くだけでもあたかもご一緒に経験したようになって、人生二度おいしく、賢く豊かになり、いろいろな世界を見ることができると思います。素敵だと思いませんか。

これを魔法の絨毯で例えると……目をつぶって想像してみてください。小さい動かない玄関マットのような大きさの絨毯が、一人乗るごとに大きくなって、動くようになり、空に上がり、運転する人によってたくさんの景色を空から見せてもらえるのです。スピードも違えば、場所もさまざま、知らない外国にも飛んでいくことだってできる……運転手はお話しする人です。誰もが運転手になれるのです。

人生の終末を見ていくことが大事なときもありますが、やはりどちらかというと私は、いつも若い方の考えを見ていたいし、知らない世界の方の考えを見ていたい。そんな思いでチョコっと塾を続けていきたいと思っています。

居住してみたい方にはぜひ、このイベントに参加していただきたいと思います。

コラム●iPadサロンとしての集会室利用

新浜　潔

当会（NPO法人日本シニアインターネット支援協会＝略称JSISA）は、シニアの方々にインターネットを安全に楽しむことの普及を目的に活動しています。活動としては、二〇一三年のNPO法人発足以来、杉並区などの公共施設や商店街の集会室をお借りして「iPadサロン」や「インターネットの初心者向け講演会」を開催しています。

しかし、交通の便がいい場所にある施設は多くの団体からの申込みがあるため抽選になり、開催場所が確定するまでサロンの案内ができなく、また、多くの公共施設はインターネット環境が整っていないため、事務局で無線ルーターを用意しないといけませんでした。

シニアにインターネットの普及を苦労して行っているなか、荻窪駅周辺の街づくりを話し合う会議に参加したおり、荻窪家族プロジェクト代表の瑠璃川正子さんと一緒になり、瑠璃川さんがご自宅と所有しているアパートを建て直し、新しく地域開放型賃貸シェアハウスをつくること、そこには多目的に利用できる集会室をつくることをお聞きしました。そして、新しくつくり上げるコンセプトなので協力してほしい、とのお誘いを受けたのがキッカケで、プロジェクトに参加しました。

プロジェクトに参加したときには、基本設計はすでに出来上がっていて、地域開放スペースの集会室の利用や共用スペースの利用者の会（百人力サロン）の運営の検討段階でした。以来、プロジェクトのメンバーとして毎月一回、ダイヤ高齢社会研究財団の会議室に集まり、集会室の利用方法や百人力サロンの運営、荻窪家族レジデンスの案内、入居者募集などの話し合いに参加しました。途中、施工業者のトラブルがあったため、当初の計画では平成二六年一一月オープンの予定でしたが、遅れて平成二七年四月にオープンしました。

集会室利用。組み立て式スクリーンを用いての講演会。

　平成二七年四月一八日、待ちに待った荻窪家族レジデンスの集会室で、利用者第一号として「杉並ネットサロン四月講演会〝iPadで愉しむ　健やかスマートシニアライフ〟」を行いました。オープンにはスライドを映すためのスクリーンが間に合わなかったため、北側の窓のロールスクリーンにスライドを映しました。床はフローリング、それも床暖房にもなっているので、丸椅子や座布団を敷いてワイワイ行いました。講師には新老人の会・SSA代表の牧荘さんをお招きして、スタッフを含め総勢二三人で楽しく講演会を行い、講演会の終わったあとには隣のラウンジで交流を深めました。

集会室への出入りは、道路に面したウッドデッキからスムーズに入れます。その入口は全面ガラスでできた開閉トビラで、そこから入るのですごく開放的です。入って左側の壁は、足元から天井まで壁全体が黒板になっていて、いろいろな書き込みができます。講演会のときは組み立て式のスクリーンにスライドを映すことができます。そして、集会室の奥には扉の広いトイレと洗い場があり、入った右側は全面鏡張りになっているので、当会が行っているサロンや講演会のほか、丸イスやテーブルを動かせば「ヨガサロン」や「踊りの練習」にも使えます。

この他、荻窪家族レジデンス主催で、「A―こもどサロン」や「チョコっと塾」「ふらっとお茶会」「荻窪暮らしの保健室」など、いろいろと行われています。

ウッドデッキも集会室とアトリエの前に広く、隣人祭りやバザーで活躍してます。

このように地域に開放している集会室やアトリエ、ラウンジを大いに利用させてもらってます。

集会室前のウッドデッキ。

コラム●SOHOとしての利用

松崎淳一

私の職場はちょっと面白いのです。「おはようございます」「どこかお出かけですか」職場から一歩外に出ると、ごくありふれたご近所同士のあいさつが飛び交います。この荻窪家族レジデンスは、住居でありながら同時に私の職場でもあります。仕事とプライベートの中間、そして地域のなかに溶け込んでいる。そんな曖昧で不思議な空間に私の職場は存在しています。

ＳＯＨＯという言葉をご存じでしょうか。Small Office / Home Office の略なのですが、「小さなオフィスや自宅などでビジネスを行っている事業者」という意味で使われている言葉です。私はここ荻窪で、小規模ながらデザイン事務所を経営しています。主にパソコンに向かったデスクワークなので、このＳＯＨＯというスタイルでの事務所利用を選び、ここで生活することに決めました。とはいえ、なぜ荻窪家族レジデンスに引っ越してくることになったのか。それはこの建物の概念に大きく共感する部分と、また多くの巡り合わせがあったからです。

荻窪家族レジデンスに越してくる前は、ここから徒歩五分ほどにある戸建を住居兼事務所として利用していました。当時は起業したてだったため、経費削減のために自宅を職場にしていたのですが、仕事が着々と軌道に乗るにつれ、居住スペースと襖一つで仕切られた職場は手狭で不便

（右上）引っ越す前の事務所利用していた戸建の一部屋。打合せスペースもなく、とても手狭だった。

（左上）はじめて足を踏み入れたときは、まだ建設の真っ最中だった 101 号室。

（左下）現在事務所利用している 101 号室。窓が外に大きく開いているので、開放感がある。

に感じてきました。そろそろ引越しを考えていた矢先、知人から「荻窪で面白そうなプロジェクトがあるよ」と教えてもらったのが、この荻窪家族プロジェクトでした。

　プロジェクトの存在を知った私は、すぐにオーナーの瑠璃川正子さんに連絡をとりました。「これは面白いことに出会えそうだ！」と直感が働いたのです。正直なところ、当時は荻窪家族の概念についてあまり理解していなかったのですが、瑠璃川さんと会話をしているうちに、徐々にプロジェクト自体の魅力に惹かれていきました。

　地方出身者の私は、隣近所同士で積極的に干渉しない都市部の居住環境に、年々不安や孤立を感じていました。とくに東日本大震災後、地域とともに暮らす重要性を肌で感じていた私は、地域との関わり方を再考していました。今後、身内が近くにいないこの環境で、

棚付きの仕事机は部屋のスペースに合わせて自作した。手前にある大机は作業スペースに。

荻窪の情報サイト『オギジン』（左）と、荻窪の情報誌『Ogibon』（右）

子育てや介護をすることになったら……。老若男女のご近所同士で互いに助け合いとまではいかないにしろ「顔を意識的に合わせる」「気にかけてくれる」存在がある生活が、これからの私たちに必要なものだと考えていました。そこで出会った「地域に開放されたシェアハウスかつ多世代共同住宅」という前代未聞の概念をもつ建物。この「長屋のような、家族に似た共同体」が、子育てや高齢社会の問題の新しい解決案になるのではないかと感じました。かくして興味の赴くままに、私もプロジェクトに参加することになりました。

私が荻窪家族を興味深く感じた大きな理由は、他にも二つあります。一つ目はこの荻窪という街が大好きということと、二つ目は地域に深く関わる仕事をしているということです。

まず、どれほど荻窪の街が好きかというと、地方から上京してきて十数年、あまりにも荻窪の土地柄が合いすぎたため、一度も荻窪外の地域に引っ越したことがないくらいです。生まれ育った土地ではないのですが、将来もこの地に根を張り続けていたいと願っています。その荻窪に、こんなに概念を共有できる住居があるんです。住んでみないわけにはいきませんでした。

また、その荻窪好きが転じて、仕事でも荻窪の地域情報サイトを運営したり、地域情報誌を編集したりと、地域に深く関わることをさせていただいています。そのため、地域に開放されているスペースで、さまざまな方々と世間話でもしながら、荻窪の情報を聞かせてもらったり、また自分からも発信したりできるような場になることを期待して居住を決めた部分があります。他にも、打合せでラウンジを利用したり、大きい物を取り扱う作業ではアトリエを利用したりと、仕事でも多目的に利用できるのもこの荻窪家族レジデンスの特徴です。

この荻窪家族プロジェクトに関わっている人たちはとても多く、建築家や介護・子育ての専門家の方など、多岐分野にわたっています。そんな皆さんからの「自分たちで新しいカタチを生み出す」といった莫大なエネルギーを受けて出来上がったこの建物には、本当に何か不思議な力（瑠璃川さんはそのつながりから生まれてくる力を「百人力」と名づけています）が存在しているように感じています。

荻窪家族レジデンスは、私生活でも仕事でも、その不思議な力が私の日々の活力となっているような、そしてどこかで安心させてくれているような、そんな気がしてくる魅力的な建物なのです。

第四章

新しい高齢者居住、参加のデザイン

一――地域開放型・多世代・シェアという新しい高齢者居住

◉澤岡詩野

新たな高齢者居住の形

高齢者のみが住まう老人ホームやサービス付き高齢者住宅ではない、若者世代を中心に浸透しつつある入居者同士の交流を大事にしたシェアハウスでもない、多世代が居住しかつ住宅内でコミュニティが完結するのではなく地域の一部として交じり合う住まい方。これらを兼ね備えた住宅を探してみると、今の日本ではなかなか見つからないのが現状です。そんな住まい方のできる住宅がないなら、行政や公的支援に頼らず、自らの手でつくってしまおう、という取り組みが「荻窪家族プロジェクト」です。

オーナーの瑠璃川夫妻を中心にそのあり方を試行錯誤するなかで、口コミで多くの人が関心を向けはじめ、今では新聞やテレビなどのマスコミから注目されるようになっています。この多くは、新聞の生活面や福祉・介護系の雑誌、テレビの生活情報でした。しかし、最近では驚くことに、

『日経アーキテクチュア』や住まいや建物の安全に取り組む公益財団法人東京都防災建築まちづくりセンターの発行する『街並み』など、これまでハード面に特化した媒体からの取材も増えつつあります。ここからは、『街並み』五四巻の特集[*1]「高齢期の暮らしと住まい」に筆者が「荻窪家族レジデンス」の意義について記した記事を紹介します。記事では荻窪家族レジデンスの概要をまとめるとともに、同じような住まい方をめざす東京都世田谷区にある「笑恵館《しょうけいかん》」を取り上げています。「地域開放型」「多世代」「シェア」、この三つのキーワードをより深く理解していただくためにも、笑恵館の取り組みも併せて知っていただきたいと思います。

●地域が行き交う多世代居住の新たな可能性●

■荻窪家族レジデンスという住まい方

東京都杉並区の荻窪駅から徒歩七分ほどの古い閑静な住宅街に荻窪家族レジデンス（以後、荻窪家族）はあります。荻窪家族の周辺は、邸宅が建ち、プライバシーを重視する住民の多く住む、杉並区内でも高齢化率の高い地域です。ここにオーナーの瑠璃川正子さんのご両親が住みはじめたのは一九四九年でした。二〇〇坪の敷地内には、庭には柿や梅の木が植えられ、家族で耕す畑がありました。その後、この畑は、木造賃貸アパートと駐車スペースに姿を変えていきます。ご両親は、瑠璃川正子さん（以後、瑠璃川さん）と姉妹の支えを受けて、この地で長寿を全うしました。この時期に瑠璃川さんは、配偶者のご両親の介護も担うのですが、ここで実感したのは、公的な介護サービスの限界と、本当に困ったときの支えは、地域内外に広がる多様なつながりであるということでした。この経験は瑠璃川さんの人生観に大きな影響を与え、住み慣れた家で生活し、人生を全うするためのつながりのあり方を模索するようになります。これを瑠璃川さんは「百人力」と呼び、「百人力の生まれる住まい」がその後に展開する荻窪家族の設立理念となります。

介護保険制度の専門家でもある島村八重子さんらとともに、宮崎県にあるホームホスピスやケアタウン小平（東京都）などの先駆的な取り組みを見学するのと同時に、杉並区の市民大学「すぎなみ地域大学」や講座を受講し、徐々に想いを具体化していきます。この時期に、高齢期の街づくりの研究者（筆者）や施主の想いをコラージュなどの手法で形にする建築家の連健夫さんに出会い、二年以上にわたり、有志で何度も意見交換の会を繰り返します。さらに、建物として設計案が具体化したあとには、荻窪家族に関心をもつ地域内外の人々に呼びかけ、住まい方、使い方のワークショップ、地域開放スペースの床に敷くタイルの絵付けワークショップなど、住まい手だけではなく、使う人を巻き込むためのイベントを定期的に開催していきます。こうして、地域に開放された空間をふんだんに備えた多世代向けの集合住宅としてのハード・ソフトが出来上がっていきました。

瑠璃川さんが地域大学や講座、ワークショップで出会ったつながり、そのまたつながりは、のちの荻窪家族の運営メンバーや強力な地域の支援者として活躍するようになっています。現在、このメンバーが主軸になって行われている取り組みに、「ふらっとお茶会」「チョコっと塾」「荻窪暮らしの保健室」が挙げられます。ふらっとお茶会は荻窪家族の住まい方や使い方を気軽に意見交換できる場、チョコっと塾は地域で豊かに暮らし続けるための知識を学べる場として、地域開放スペースの集会室やラウンジで定期開催されています。また、荻窪暮らしの保健室は、新宿区の戸山ハイツで始まった、ちょっとした不安を気軽に医療や介護の専門家に無料で相談できる「暮らしの保健室」をモデルにした取り組みです。看護師、社会福祉士、理学療法士、医師など多様な地域内外の専門家がボランティアとして関わり、荻窪家族らしい暮らしの保健室のあり方を模索しながら月四回開室しています。この他にも、毎週火曜日には、瑠璃川さんの関わってきた子育て支援の活動が行われ、この日には子どもの元気な笑い声が住宅内に響きます。

これらの一階の半分近くを占める地域開放スペースでの取り組みは、メンバー制の「百人力サロン」の事業として行われています。サロンのメンバーは、瑠璃川さんの想いに賛同する地域内外の人々と入居者で構成され、このメンバーとしての権利も、家賃に含まれています。月額一五万円前後の家賃には、この他に１ＤＫの居室（二五平方メートル＋ベランダ：一階に四戸、二階に一〇戸）、入居者専用スペース（約一六五平方メートル：共用キッチン、ラウンジ、屋上、浴室、洗濯室など）の賃料、共益費・設備費などが含まれます。四月末の本格的なオープンから数ヶ月、レジデンスの三階に住まうオーナー夫婦の地道な努力もあり、新築の住まいとしてスタートした荻窪家族レジデンスは、試行錯誤を繰り返しつつ、徐々に、地域に浸透しつつあります。

■笑恵館という住まい方

東京都世田谷区の祖師ヶ谷大蔵駅から徒歩五分ほど、商店街から少し裏手に入った住宅街に笑恵館はあります。一〇〇坪余りの土地には、リフォームした母屋（一九六〇年建設）と木造賃貸のアパート（一九七五年建設）とが、道路に開かれた庭をL字型に囲んで建っています。母屋には、オーナー夫婦の住まいと、パン工房「せたがやブレッドマーケット」やショップ、キッチンを併設した共用の食堂、多目的室があり、パンの香りに誘われたご近所さん、フラワーアレンジメント、葬送計画ワークショップなどの講座参加者など、常に人が行き交う空間になっています。隣接するアパートには、ルームシェア可能な住居に加え、シェアオフィス的に利用できる居室など、多様なニーズに対応した1DK（二一・八七〜二四・三〇平方メートル）の七部屋と、子育てサロンスペースが併設されています。

この住宅はオーナーの田名夢子さんのご両親が建てたもので、笑恵館の至る所に、石の防火水槽などのかつて使われていた思い出の品を見ることができます。一人っ子の田名さんは、四〇年前に父、一〇年前に母を亡くし、ご自身の終わり方を強く考えるようになりました。そのなかで、医療や介護の現状を見て回った結果、「めったに会わない身内より、気心の知れた近所の他人とお付き合いしながら、住み慣れた街で人生を全うしたい」という想いを強くしていきました。そこで決意したのが、両親から相続した母屋とアパートを活かし、地域とのつながりと社会資源を使って暮らせる住まいづくりでした。

まずは、人が集まる地域の場としていくために、四年前にはアパートで子育てサロン「砧《きぬた》にこにこ」とミニデイサービス「砧ほほえみ」を定期的に開催しはじめます。同時に市民後見人制度や介護の勉強を積み重ね、三年前には世田谷区の広報で知った起業創業支援制度を活用して、実際の建設に動き出しはじめます。資金、事業プラン、現行の建築関連の法律の壁など課題が山積するなかで、起業創業支援制度の相談員として親身に寄り添ってくれたのが、現在の運営のパートナーとなる起業活動支援家の松村拓也さんでした。この松村さんとの出会いは、単にアパートと母屋のリフォーム工事だけではなく、さまざまなアイデアを生み出す人のつながりを呼び起こします。今も笑恵館のスタッフとして

笑恵館

働く六名のスタッフとの出会いも、このつながりから生まれました。

二〇一二年九月には、笑恵館のような住まい方を考える場である「多世代型シェアハウス研究会」を設立。続いて二〇一三年七月には、多世代が暮らすシェアアパートと共有スペースを利用して、地域の人々が笑顔で楽しみながらビジネスや交流することを目的にした会員制の「笑恵館クラブ」が発足します。ここには、入居者はレジデンス会員として、非入居者は会員スペースを活用する一般会員、企画・運営に関わるプログラム会員などとして登録し、食堂や二つの多目的室などを、思い思いに利活用しています。三〇〇名を超える会員には、笑恵館を利活用したいという人から、想いに賛同して応援したいという人までさまざまであり、世田谷区外に住む会員も増えています（二〇一五年五月の会員数三一一名の内、世田谷区外在住は一八九名）。

現在、レジデンス会員でもある入居者は八名、若者を中心に新たなライフスタイルを創り上げています。若者がここに多く住まう理由として、月七万円前後の家賃設定、保証人が不要、利便性のよさなどが挙げられます。これに加え、月一回程度の入居者食事会、開放部分の自由な利用、笑恵館クラブを介して地域と緩やかにつながれる、地域を感じながら生活できる、という笑恵館特有の空気感も大きいといえます。

■おわりに

紹介した二事例は、家族力や社会保障制度の限界といった日本社会の現状、高齢者のみの偏った世代で集住することが引き起こす歪みといった課題に対する新たな答えといえるのではないでしょうか。共通するのは、ご自身の生き方や終わり方を考えた個人が独自の力で創り上げようとする住まい方である点、地域とのつながりづくりと多世代居住を重要なポイントに掲げている点です。近年、民間企業のコレクティブハウス（独立した専用の住居と共用スペースをもち、生活の一部を共同化する合理的な住まい方）やサービス付高齢者住宅などが増えつつあります。しかし多くは、住宅の規模が大きすぎることで、そこでコミュニティが完結してしまい、入居者が地域社会の一部として生活するには至っていません。

利益を追求することが命題の民間企業や制度の枠に縛られる公的機関にはできないことを実現しつつある二事例ですが、抱える課題も少なくありません。開設間もない荻窪家族では、既存の住宅情報などの媒体では伝わりにくい新たな住まい方のコンセプトを、住まい手候補に届ける手段に苦戦しています。一方、開設から一年以上経過する笑恵館では、自ら創り上げた地域とのつながりのなかで終わっていくという理念に対し、これを共に創り上げようとする中高年の住まい手が想定外に少なかったという事態に直面しています。状況は違いますが、賛同や批判はするものの実際には動くことが少ないと指摘される団塊以降の世代をいかに巻き込み、住まい手として取り込むかが、両事例に共通する課題でしょうか。

地域の意味が改めて見直されるなか、こういった新たな動きを後押しする自治体や企業の出現が期待されます。

（出典：公益財団法人東京都防災建築まちづくりセンター『街並み』五四巻〈二〇一五年〉、一三－一六頁〈一部表記を変更して転載〉）

住民自らがつくりだす新たな住まい方

近年では、荻窪家族レジデンスや笑恵館のように、制度のはざまにある地域コミュニティの課題を、自治体や公的機関に依存せず、既存の地縁組織と連携しながら住民自らが解決するという動きが広がっています。

この一つの動きとして、高齢化率が四五％を超え、一人暮らしが多く住む東京都新宿区の戸山ハイツの「暮らしの保健室」が挙げられます。二〇一一年九月、この地に暮らしの保健室を開設したのは、新宿区ではなく、二〇年間にわたって都内で訪問看護を続けていた秋山正子さんでした。保健室には、看護師や薬剤師、ボランティアなどが常駐し、薬の飲み方、介護相談、健康や生活に関わる多様な相談に乗っています。ここの大きな特徴は、医療機関や地域包括支援センターのように来訪者のすべてが最初から困り事や悩み事の明確な人ばかりではないこといえます。お茶が飲める、お喋りができるという噂を聞いてふらっと立ち寄る人が、世間話をしていくうちに、不安を打ち明けてくれることも少なくないといいます。この現代版の井戸端会議や銭湯のように気軽に寄り合えるオープンな地域の居場所づくりをめざす暮らしの保健室のミッションに賛同し、同様の取り組みを展開しようという動きが全国に広がりつつあります。この動きの一つが「荻窪暮らしの保健室」です（二〇一五年五月開設）。運営には、地域医療に対する理解のある看護師を中心に、杉並区内で活躍する社会福祉士、理学療法士、医師などの多様な専門家がボランティアとして関わっています（第三章の三「荻窪暮らしの保健室」参照。一三三頁）。

これまでの地域づくりでは、暮らしの保健室のような優良事例をそのまま真似しようとするあまりに、実現できないまま立ち消えてしまう、形になっても持続できないケースが多く見られました。「荻窪暮らしの保健室」は、暮らしの保健室のコンセプトを踏襲しながらも、荻窪の地域特性、限られた人的資源でできる範囲でのあり方を模索し、形にしつつある新たな動きといえます。この荻窪の動き以外にも、専門職を中心に商店街や地元企業などの多様な地域資源を巻き込んだ地域包括ケアを実現した東京都大田区「みま〜も」をモデルにした群馬県太田市「みま〜も・ぐんま」、障がいや年齢に関係なく誰もがいられる地域の茶の間づくりを実践する富山県「富山型デイサービス」をモデルに都市型のあり方を模索する江戸川区「ひなたぼっこ（江戸川・地域・共生を考える会）」などが挙げられます。このような動きに共通するのは、住民が主体となり、ストイックに優良事例を真似するのではなく、その地域に応じたあり方につくり替える柔軟性です。これができるのも、国や自治体が主導した事業ではない、住民や地域の専門職が横断的に連携しつつ自ら創り上げる地域づくりの強みといえます。

求められるのは多様な関わり方

神奈川県横浜市の六五歳以上の住民を対象に行った「地域での活動と健康に関する調査*2」の結果から、町内会・自治会での活動状況と近隣に対する意識との関連を見ていきます。対象となったのは、介護認定を受けていない横浜市五区（神奈川区・港南区・港北区・緑区・栄区）に居住する六五歳以上の住民のうち、住民基本台帳より無作為に抽出された二八〇〇人です。郵送法によるアンケート調査の結果、有効回答数は一九三三票でした（有効回収率六九・〇％）。回答者の五〇・〇％は女性で、平均年齢は七二・六歳、現在地の平均居住年数は三四・四年でした。

町内会・自治会活動に月数回以上参加しているのは一一・六％、年に数回程度が三〇・三％、参加をしていない人が五八・一％で、この割合に性差は認められませんでした。六割の人が町内会・自治会に加入はしていても実際の活動には参加していないなかで、近所とのあいさつについては六八・六％の人（男性六一・七％、女性七五・五％）が頻繁にしており、まったくしていない人は七・七％（男性一一・〇％、女性四・五％）に過ぎませんでした。

近隣に対する意識として、「災害などの非常時には近所で助け合える（非常時の助け合い）」「ふだんからお互いに心配事などを共有し、支え合っている（日常の支え合い）」の二項目について、「そう思う」から「そう思わない」までの四件法で尋ねました。この結果、「そう思う」「ややそう思う」と肯定的な回答をした人が、「非常時の助け合い」については七三・六％（男性七一・八％、女性七五・四％）、「日常の支え合い」では四一・八％（男性三六・二％、女性四七・五％）存在しました。

この近隣に対する意識に影響を及ぼしている要因を男女別に分析した結果、「非常時の助け合い」については、男性では高齢の人に、女性では居住年数が長い人に肯定的な意識をもつ傾向が見られました。また、男女ともに、町内会・自治会活動に参加していない人より月数回程度、年数回程度でも参加している人、近所とあいさつをしない人より「よくする」「時々する」人で肯定的な意識をもっていました。「日常の支え合い」についても同様の傾向が認められました。

転倒や急病のリスクをもち、災害時には要援助者に位置付けられる高齢の住民にとって、身近な近隣は重要な潜在的な支援源に位置づけられます。月数回程度の町内会・自治会への参加や近所と頻繁にあいさつするといった地域に深く関わりをもつ人の近隣との支え合いに対する意識が高いのは当然の結果といえます。しかし、この調査で注目すべきは、防災訓練やお祭りへの年数回程度の参加や時々でも近所とあいさつするといった「ゆるやかな関わり」をもつことも、近隣との支え合いへの意識を高めることが示されたことです。限られた人々が地域コミュニティを支える現在のあり方には限界がきているなかで、今後は、このような「ゆるやかな関わり」をもつ人々を巻き込むための仕組みづくりが喫緊の課題となっています。

荻窪家族レジデンスでは、弱く広い関わりを実現するために、先に挙げた「チョコっと塾」「ふらっとお茶会」「荻窪暮らしの保健室」を定期的に開催しています。いずれも住み慣れた地域で主体的に生活するためのつながりと知識を得ることをめざす場ではありますが、テーマを決めたレクチャー形式のチョコっと塾、テーマを決めずに参加者が好きなテーマで気軽にお喋りをするふらっ

百人力サロン打合せ風景。

とお茶会、プチレクチャーと気軽なお喋りを混ぜ合わせた荻窪暮らしの保健室など、ニーズに応じた多様な参加を可能にしています。この場には荻窪家族レジデンスの住人や荻窪に転居して間もない地域住民も参加しており、ご近所や地域内外で活躍する学生、専門家などとの会話から、よりよい公的サービスや住んでいる地域の情報を得ることにもつながっています。また、瑠璃川さんのつながりから周辺の町内会関係者などの参加もあり、既存の地域の枠組みを越えた新旧住民が出会う場にもなりつつあります。今はまだ、参加者自らが何らかの場を主催するまでには至っていませんが、一度参加した人が知り合いを誘ってきたり、準備や片づけを手伝うなど、気軽な弱い関わりから主体的な関わり方に変化しつつあります。

この弱く広い関わりを実現する場「百人力サロン」を運営するのは、荻窪家族プロジェクトに賛同する地域内外の企業退職した男性三名（関屋利治さん、大久保正克さん、鈴木昭男さん）と瑠璃川さんが地域活動を通じて知り合った子育て支援団体の女性（亀井弥生さん）です。この四名のボランティアは、単に事務作業や管理人として来館者やレジデンスの住民とのコミュニケーションを行うだけではなく、それぞれのもつ関心やつながりを総動員して新たな場づくりを企画しています。裏百人力食堂（関屋さんの料理を中心にした、参加者が食べ物・飲み物と会話を持ち寄る夜の集い）がその一つの好事例になりますが、ここには地域外の若者も参加しており、世代や背景を越えたつながりが生まれる場になりつつあります。また、杉並区外に在住の鈴木さんが杉並区で活躍する知人男性を運営のボランティアとして勧誘し、今まで関わりのなかった地域の団体との連携が見えつつあります。今後の荻窪家族レジデンスには、高齢者と子育て世代、地域内と地域外など、一つの世代や居住地域に限定されることの多いつながりを、枠を越えて縦横無尽につなげる拠点としての役割が期待されます。

＊1――公益財団法人東京都防災建築まちづくりセンター『街並み』五四巻（二〇一五年）、一三―一六頁。

＊2――平成二五年度厚生労働省老人保健健康増進等事業「高齢者の健康長寿を支える社会の仕組みや高齢者の暮らしの国際比較研究事業」（申請：国際長寿センター）を受けて実施された。

○荻窪家族HP：http://www.ogikubokazoku.org/

○笑恵館HP：http://shokeikan.com/

二――新しいビルディングタイプに適した参加のデザインの有効性とその力

◉連 健夫

参加のデザインとは、利用者が設計プロセスや施工のプロセスに参加するデザインのことです。これは参加する機会をデザインするという意味も含んでいます。なぜ、利用者が参加することに意味があるのでしょうか。慣用的な設計プロセスは、プロである設計者が敷地や建てるべき建物の種類、規模、施主の要望、予算などの与条件をもとに構造、設備を含めた検討をして設計します。これは、建築士で一定のスキルがあれば、建物として成立するプロセスです。しかしながらこの方法は、プロの設計者によるデザインの一方的押し付けということもできます。そうではなく、利用者が参加することによって、よりよい建築になるのではないかという設計方法で、素人である利用者目線を大切にしているのです。これはトップダウンからボトムアップの設計と説明することもできます。この動向はいつに始まったのでしょうか。

一九六八年のパリの五月革命は世界の学生運動につながり、自治のあり方を根本的に見直す契機になりました。つまりトップダウン的な一方通行的な枠組みから、ボトムアップ的な利用者が関与する双方向の枠組みへの移行であり、建築分野のみならず、さまざまな分野に影響を与えました。言すなわち、中央↓地域、公的↓私的、地球化↓地域化、一元的価値観↓多様な価値観などです。言うならば、近代からポスト近代への移行です。近代において成立していた方法は、高度成長期には相応しかったのですが、高度成長期を過ぎても同じことを続けることでさまざまなひずみを生み出しました。そのひずみを是正するためにポスト近代の視点が生まれてきました。建築の分野では、近代イコール機能主義でした。これは、ある一定の質を担保したうえで大量に物を供給するには適した考え方であり役に立ちました。これが低成長社会に入り、スローライフなど多様な価値観においては馴染まなくなってきたのです。具体的には、機能という価値観に乗りにくい文化、芸術や歴史性などは落ちてしまうのです。

当方が五年間、学生、教師として過ごしたイギリスにあるＡＡスクール（Architectural Association School of Architecture）では、多様な建築を扱っていました。ユニットシステムという建築家教育であり、各ユニット（研究室）ごとに異なる教育プログラムをもっており、学生は自分の建築の方向に合ったユニットを選んで教育を受けるシステムです（写真１）。ここに「選択」という視点があることがポイントです。

住民参加での建築や都市デザインで世界的に著名なヘンリー・サノフは「街づくりワークショッ

写真１：AA スクール（ロンドン）の建築家教育（ユニットにおける個人指導、左から筆者〈助手〉、セドリック・プライス教授、学生）。

プにおいて、専門家は自らの専門的知識と技術において複数の問題解決策を示すべきであり、それを決定するのはあくまで市民である」と述べています。ここでも「選択」ということがポイントとなっています。多様な建築の方向があるということは多様な評価があることです。それではどのようにして多様な建築の質を判断すればよいのでしょうか。ここで大切になるのがプロセスです。プロセスを通して「意味」が生まれ、その「意味」のもつ「価値」や魅力を活かした設計が行われているかを評価することです。

ＡＡスクールで学生の入試インタビューに同席したことがあります。建築設計図面だけを持参した入学希望者に対して、試験担当教授は、プロセスを表現した図やスケッチはありませんかと尋ねました。学生は「もっていません。これがすべてで、これが私の作品です」と返答しました。そうすると教授は、「プロセスやスケッチがないと、狙いややりたいことがわからず、この作品の評価ができません。私の好みで判断したくはないからです。プロセスを説明することによりどのような視点で作品を判断すればよいかという評価軸をいただけないのであれば、判断は難しいですね」。結局、この学生はＡＡスクールに入ることはできませんでした。つまり、プロセスが作品に独自の意味と価値を生み出すのです。

荻窪家族プロジェクトは、ソフトとハードともプロセスを大切にしています。それも参加のデザインというプロセスを大切にした設計であり、ワークショップであり、ミーティングであり、使われ方やルールにおいてもプロセスを大切にしているのです。このなかで、独自の「意味」「価値」が生み出されているのです。本書冒頭の「はじめに」で荻窪家族プロジェクトを読み解くためのキーワードとして【新しい高齢者居住、多世代、シェア、地域開放、参加のデザイン、ワークショップ、事前リノベーション、現在進行形、余白のあるデザイン、第三の居場所、私に公を入れる、自助から生まれる共助、インフォーマル】を挙げましたが（六頁）、ここではそれらのキーワードにおける「意味」と「価値」を読み解いていきます。

【新しい高齢者居住】

荻窪家族プロジェクトは、まさしく、このキーワードからスタートしています。すなわち、瑠璃川正子さんの理想とする住まいが、既存にはないことから、それを見つけるべく探究し、ここにたどり着いたのです。この探究こそがプロセスの大切な意味です。既存にあれば、定型化した方法を使えば一直線に出来上がります。しかし、これはそうではありません。探究のなかで曲がりくねりながら少しずつ形にしてきたのです。時間はかかりますが、悔いのないものができるし、また時間をかけることによって、新たな意味と価値が生まれてきたのです。つまり探究は創造的な行為なのです。荻窪家族プロジェクトはこのプロセスを大切にすることにより生まれた新しい高齢者居住の一つの解です。他の敷地、他のオーナー、他の参加メンバー、他のプロセスであれば、異なる解となるでしょう。ただし、プロセスを大切にした参加のデザインという手法が、これを良質なものにする意味において汎用性があるのです。

【多世代】

当初、高齢者居住を語るときに、理想の「終の棲家」という言葉もありました。しかし、これを話し合うなかで、前向きな感じがしない、前向きな高齢者の住まいを考えると、この言葉は馴染まないといった意見が出てきました。それでは高齢者が前向きであるとはどのようなことをいうのでしょう。「年齢にとらわれず能動的に生活をすることであり、高齢者と分類すること自体がおかしい」「年齢にとらわれないわけであるから、さまざまな世代と交流することもあり、むしろそのほうが荻窪家族プロジェクトに相応しいのではないか」という話になり、多世代居住という言葉がキーワードになったのです。高齢者のみならず若者にとっても居心地のよい建物にする、プログラムにする、ということが基本になったのです。

建築確認申請での建物種別においても、この建物は福祉施設ではなく集合住宅である、これは高齢者専用の集合住宅ではない、ということが条件になっています。実際に若夫婦がＳＯＨＯとして入居していますし、また入居を検討している若者もいます。このプロジェクトが面白いといって、建築系や社会学系の学生が調査研究の対象にさせてほしいと関わっています。この関わりのなかで、自らイベントを企画して入居者と交流をするなど、自然に多世代交流が生まれています（コラム「学生から見た『荻窪家族レジデンス』」参照。一九七頁）。

【シェア】

荻窪家族プロジェクトにとってシェア（共有、共同、分担）は常に議論され、練られた基本的コンセプトです。自分のことを自分でやるという能動的な自助、これが育つと共助になります。共助の関係はシェアすることにより生まれるのです。時間のシェア、役割のシェア、場所のシェア、このことにより、一緒にすることによる喜びややりがい、充実した気持ちなどが自然に生じます。このためには共用スペースを充実させる必要があります。荻窪家族プロジェクトにおける設計上の留意点は、共用スペースをどのように配置するか、どのくらいのスペースが適切か、そこで何をするのかということですが、それらをコアメンバーと一緒に検討しながら設計しました。

写真２：パーティーの準備、さまざまな世代が一緒にラウンジのキッチンで料理する。

ラウンジや集会室、アトリエといった内部空間や、ウッドデッキや庭、テラスや屋上などの外部空間などが、このプロセスのなかで生まれました（写真2）。一般の集合住宅にはない、内部空間の共用スペースだけでも一二〇平方メートルあり全体の一五％を占めるという充実した建築になりました。この荻窪家族レジデンスを、全体で一五住戸あるので、この共用スペースの一二〇平方メートルを一五で割ると八平方メートル、各部屋が二五平方メートルなので、それを足すと三三平方メートルになる、と説明したことがありましたが、シンポジウムで笑恵館に関わっている起業活動支援家の松村拓也さんに指摘されました。「割ってはいけない。シェアするというのは、すべてを使えるということなので、足すのが適切だ」。つまり各住戸面積の二五平方メートル＋一二〇平方メートルで一四五平方メートルであり、さらに外部の共用空間がこれにプラスされるのです。これはシェアの大切なメリットです。限られた空間を最大限に活かす方法、それがシェアという概念なのです。

【地域開放】

コアミーティングで強調された言葉が「地域開放」です。

一緒に住むよさを活かした集合住宅としてコレクティブハウスがあります。また自分に合った家をつくりたいと思った人が集まって一緒に集合住宅をつくるコーポラティブハウスがあります。いずれも良好なコミュニティが形成されるのが特徴です。しかしながら、これらの多くの事例が地域との関係が弱く、地域コミュニティとの乖離の問題が指摘されています。こうならないためにも「地域開放ができる集合住宅にしよう！」というのが合言葉になりました。

元々瑠璃川さんは、以前のアパートの一室で、子育て支援の活動や、庭を使っての隣人祭りといったイベントをされており、地域との関係を大切にしていました。これを継承し、膨らました荻窪家族レジデンスにおける集会室やラウンジ、ウッドデッキは、居住者のみならず地域の方も使えるスペースであり、一緒に使う機会が生まれています。

【参加のデザイン】

荻窪家族プロジェクトは参加のデザインで生まれました。参加のデザインはプロセスを大切にしています。施主のみならず、利用者が参加することにより、使いやすい建物になり、愛着をもつことができます。そして大切に使うことにもつながります。プログラムづくりに参加することで、与えられたルールでなく、やらされるという受け身ではなく、しっかりと意味をとらえて能動的にやる、という行為になります。ハードとソフトいずれにおいても参加のデザインは大切なキーワードです。

今後の建築において、既存にないタイプの建築を設計する機会が増えてくるでしょう。これには慣用的な設計手法では間に合いません。ワークショップをしながら参加の機会をつくり、大切なことを見出し、それを与条件に加えていく、そのことによって、新たなビルディングタイプが生まれるのです。高度経済成長社会ではない、今において、多様な価値観に応える適切な方法が参加のデザインです。

そこには建築家の役割にも変化が必要となります。「巨匠から調停者」「啓蒙から対話」「作品から運動」という位置づけです。建築家がユーザーの気持ちを理解し、アイデアを引き出す、創造性を引き出す、というファシリテート能力が必要になります。自分なりの解があったとしても、それを示さずにユーザーから言葉が出てくるまで待ち、その言葉の意味と案をブレンドするという配慮としなやかさが求められるのです。

【ワークショップ】

施主やユーザーが設計や施工のプロセスに参加するには手法が必要です。その手法の一つがワークショップです。荻窪家族プロジェクトにおいて、さまざまなワークショップを行いました。設計プロセスでは、興味をもつ人を集めての意見交換ワークショップ、これはグループに分かれて話し合い、それを発表するという形式です。事前リノベーションにおける建物の使い方を考えるワークショップでは、フォークダンス形式のブレインストーミングを行う、多世代の小グループで企画書を書く、具体的な使い方を物語仕立てにする、など工夫しました。施工プロセスでは、タイルの絵付けワークショップ、タイル並べワークショップ、塗装ワークショップ、ウッドデッキワークショップです。

ワークショップは、単に目的を達成するのみならず、人のつながりをつくる、一緒にすることによる充実感がある、偶発的な出来事による創造性がある、といった素晴らしい特徴をもっています。

ワークショップのあとの飲み会は、仕事をともにした共有感と充実感があり盛り上がります。また、それを楽しみに参加する人もいます。

【事前リノベーション】

この概念は恐らく建築界では、荻窪家族プロジェクトが最初であろうと思います。着工後においても質を上げるためにワークショップをするのです。そこで得られた示唆を使って設計変更をする、完工の事前にリノベーションをするので、事前リノベーションというわけですが、これを当初から計画していたわけではありません。設計プロセスのワークショップにおいて多くの方が参加しており、その流れを施工の段階においてもブランクをつくらず続けたかったことがモチベーションです。塗装やウッドデッキワークショップは施工の最後に行うので、途中でできるのはタイルの絵付けとタイル並べのワークショップだけです。これでは参加のデザインの継続感がなくなります。

息子の友人であるツバメアーキテクツの山道拓人さんに出会ったのがよいタイミングで、このアイデアを思いつきました。つまりプロセスのなかで必要と思ったら実行するという柔軟性がポイントです。決めたプロセスにかたくなに従うのではなく、そのつど生じる状況においてうまく対応するというしなやかなプロセスが荻窪家族の魅力の一つです。これにおいて、さまざまな発見がありました。若い建築家のアイデアが付加されたこと、当方のスキルや経験が伝えられたこと、彼らから元気をもらったことなど、多世代交流のよさを体験できたのです（写真3、4）。

写真３：事前リノベーションでの共用部の使い方ワークショップ。

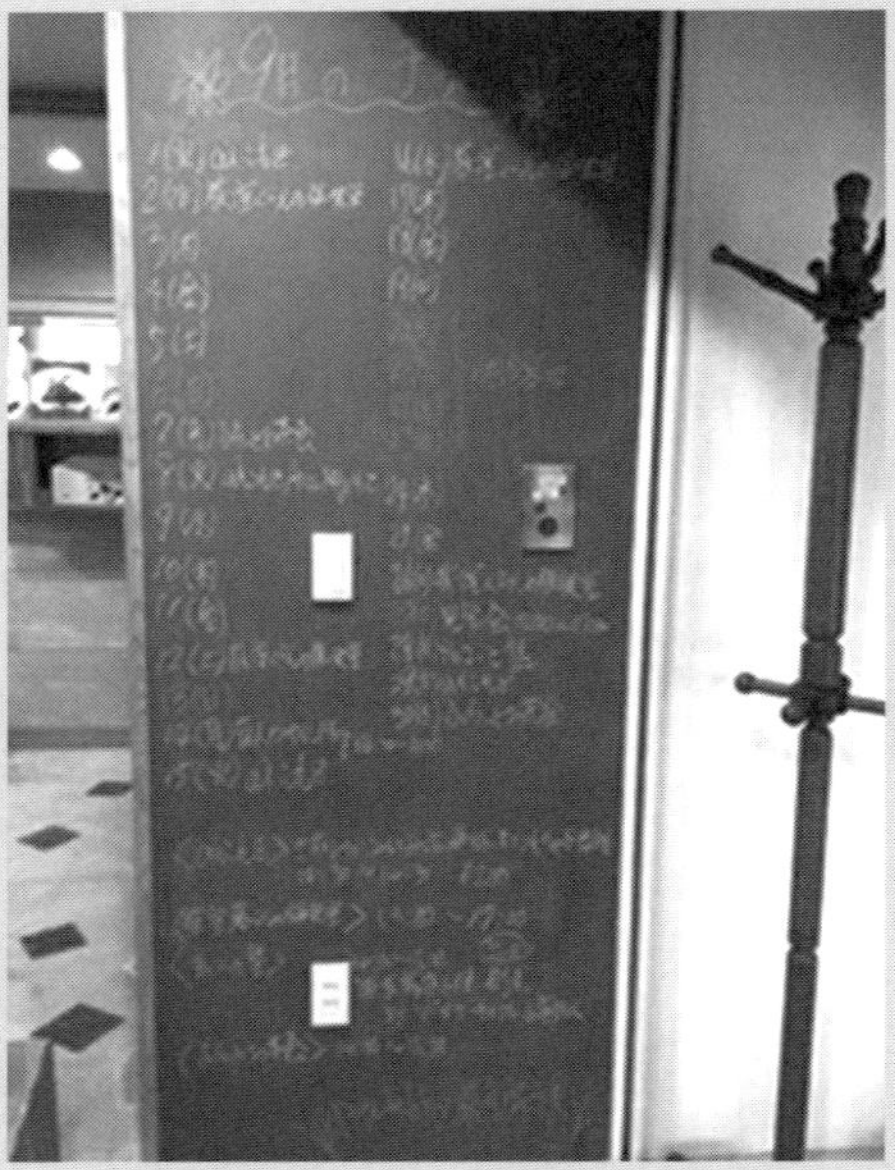

写真４：事前リノベーションで黒板化した壁、いいアイデアだ！

【現在進行形】

完成したときはベストではなく、途中経過ととらえることの大切さです。そうとらえられれば、ますます面白くなる可能性をもちます。目的的につくった作品的建築であれば、家具やインテリアを含めて完全さをめざし、完工時がベスト状態となります。しかしこれでは、時間を経て変化すると完全さは減衰する、という構図になってしまいます。

「未完の完」という概念があります。これは、巨匠、村野藤吾がルーテル学院大学のキャンパス設計時に、ルター派のソビック博士の小冊子『神の民の家』をもとにして設計したときの大切な概念です。大学は変化する、図書館も本が増える、新たな学部も生まれよう、それにつれて増築や改修もあろう、変化したときに価値が落ちるようなことではダメなのである、変化を前提にして価値が加わるようなものでなければならない、という意味です。当方がルーテル学院大学の新校舎を設計するときに学んだ概念です。

荻窪家族プロジェクトは、常に現在進行形であり、常に変化をしています。それを許容する建築と、それを許容する仲間がいます。それが荻窪家族の魅力の一つになっています。

【余白のあるデザイン】

現在進行形になるためには、余白のあるデザインが必要です。つまり設計しすぎないということです。将来の価値観にゆだねる、将来参加する人のために余地を残しておく。これは設計しないという意味ではありません。ユーザーにきっかけを与える設計といえます。つまりヒント性のある設計なのです。ユーザーが自分で空間をしつらえることで、空間と人間との関係が近くなります。家具を並べ替えるのもそれに含まれます。計画段階で入れる家具は選択しています。しかしすべては揃えていません。時間が経過するなかで少しずつ揃えていけばよい、時間が経てば選ぶ家具も変わるかもしれない、という態度です。

これはハードなものだけではなく、使われ方のルールについても同様です。決めすぎないことは共通の概念です。すべて決めてしまっては、途中から参加した者にとっては与えられたルールになってしまいます。そうではなく、一緒に決めるという機会を担保するのが余白のデザインなのです。途中からの参加により、フレッシュなアイデアが付加されるかもしれず、その余地を残しておくのも創造的な荻窪家族プロジェクトの魅力の一つになっています。

【第三の居場所】

老年社会学の専門家の澤岡詩野さんと共有する概念です。レイ・オルデンバーグが提唱、家と学校、家と会社という日頃の生活の二つの場に対して、それ以外の第三の居場所をもつことが大切であるという概念です。趣味の場、街づくり活動の場、いろいろあるでしょう。その場において自分が正直に出せる、自分の創造性が活かせる、癒され元気になる、などのよさがあるという考え方です。昔には、縁台での将棋や路上での紙芝居など、第三の居場所といえるような場がありました。現代社会にはそのような場がもちにくくなってきています。街に縁側のような場が必要であるとの想いから、街づくり活動に関わっている当方としては、澤岡さんの活動が理解できました。

澤岡さんから声がかかり、二〇一〇年一一月六日ダイヤ高齢財団社会研究財団主催のシンポジウム「定年退職後、第三の居場所とは――建築学と社会学から考える」の講演とコメンテーターを務めました。ここで深められたことは、正しく荻窪家族プロジェクトに相通じるものです。居住者にとっては荻窪家族で行われるチョコっと塾やイベントに参加する機会、地域の人にとってもＡＩこもどサロン（子育てサロン）や荻窪暮らしの保健室などに参加する機会は、第三の居場所になるでしょう。私自身、建築後にさまざまなイベントをサポートする機会は、正しく第三の居場所になっており、意味のある場になっています。

写真５：チョコっと塾。ラウンジで不定期に行われるレクチャー（増会計事務所による住宅に関わる税金のお話。2015 年 10 月 29 日）。

【私に公を入れる】

荻窪家族レジデンスの集会室で行われている「荻窪暮らしの保健室」や「ＡＩこもどサロン」の子育て支援、ラウンジでの「チョコっと塾」（写真5）などは、そもそも行政が行う公的な活動ともいえそうです。地域につなぐ活動でもあるし、街づくりに通じる活動でもあるといえます。

これは、私的な建物に公的な活動を入れ込んでいることによって可能になっています。つまり公共建築における行政の活動であれば、それなりの制限やルールがあります。しかし、私的な場でこのような公的な活動をする場合は、それにしばられることはなく、ある意味自由な活動ができ、個性が生まれます。多様な価値観、多様な人を受け入れるためには多様性が必要なのです。これは戸建てにもいえます。駐車場をときにはガレージセールに使う、玄関の横の応接室を地域活動にも使う、などの事例は、私に公を入れ込む行為といえます。今後、このようなことが豊かな街にするために必要なのです。

【自助から生まれる共助】

自分のことは自分でする、これは与えられるサービスではなく、能動的な自助サービス行為です。これは老化を防ぐ、心と体の訓練という意味で大切です。自助を大切にする、自助を育てる環境と仕組みにより、その力は人をサポートする共助の力になります。しかしながら共助は機会と場がないかぎり生まれません。必要なのはシェアの機会です。場をシェアする、役割をシェアする、時間をシェアすることにより共助の機会が生まれるのです。荻窪家族プロジェクトはこの場と機会を用意しています。生活サービス、介護サービスを受ける受動的立ち位置ではなく、一緒につくりだすという荻窪家族プロジェクトの能動的立ち位置は、一方通行の公的サービスではなく、オリジナルな創造性をもっています。

【インフォーマル】

フォーマル（型にはまった、正式の）ではないのがインフォーマルです。荻窪家族プロジェクトは瑠璃川さんの個人所有の建物で展開している活動であり、縛りがない枠組みです。それであるがゆえに自由度があり、変化可能のしなやかな活動ができるのです。荻窪暮らしの保健室で大切にしているのは、インフォーマルな相談に対応することでもあります。相談といっても、本人が相談か相談でないのかわからないものもあります。それをインフォーマルな場であるがゆえに拾うことが可能となるのです。専門家が対応するなかで、来訪者の言葉の意味をとらえ、必要な専門家や制度を紹介したり、専門施設につなぐこともできるのです。ラウンジやアトリエの使い方のルールも、ガチガチな内容ではなくゆとりをもっています。これから参加する人がルールをつくるかもしれません。これもインフォーマルなのです。多様な価値観、多様な人を受け入れることができるのもインフォーマルな場と機会でしょう。荻窪家族プロジェクトは、そのしなやかさをもっているのです。

三――入居者の生活、今思うことと今後

◉瑠璃川正子

入居者三世帯それぞれ

現在すでに入居者さんの生活が始まっていますので、様子を見てみましょう。

○SOHOの若いご夫婦

まず最初に入られたのは、荻窪をこよなく愛するSOHOの松崎さんご夫婦です。二〇代後半の少しはにかんだ感じのスレンダーな女性と、誰からも愛されるごあいさつが評判の男性のお二人です。ご近所の方が松崎さんにはじめて会ったときにご自分から名乗ってごあいさつされたそうで、好感をもったというお話をうかがったのです。このご夫婦はちょうど私たちの子どもにあたる年齢でしっかり者、主に荻窪を紹介するお仕事をしていて大きなパソコンといつも向き合っています。

入居前には、息の合ったお二人でお部屋のペンキ塗り。何もないお部屋だったのですが、だんだん気持ちも入った部屋となり、入居後には壁一面に本棚とパソコンを置いて、作業ができる一体型

の家具発注と組立でできたものを設置、とても快適そうになりました。組立には、お揃いのつなぎジーンズでやすりをかけたり、それはそれは、どんなものが出来上がるか、楽しみにこちらもさせてもらいました。出来上がると、並んでお仕事している様子が見えました。お二人はやはりIT関係が強いので、わからないことの相談にのってもらっています。期日があるお仕事のときでしょうか、夜中も作業があって部屋に閉じこもって頑張っているのですが、打合せや友人との話には一階ラウンジを使ったり、写真撮影のときにはアトリエを使ったりと、工夫しながら場を使用していただいています。ときどき愛犬小太郎ちゃんも参加しています。

警察の方が見えて、防犯カメラを見せてほしいといわれたことがありました。事件があり、この前の道を通った人を確認したいとのこと。松崎さんのご主人に連絡し、私と一緒に立ち会ってもらいたいとお願いしました。即座に了承を得て、ビデオ録画から一部をUSBにとる作業もしてもらい、渡すことができました。警察といわれても本当かどうかわからないし、手帳を見せてもらってもよく見えないし、警察自体も何か不安を感じるので、いてもらうだけでも安心でした。

○娘さんから連絡、菊栽培の名手Sさん

次に、娘さんが荻窪家族の朝日新聞の記事を見つけて連絡してくださった方がいました。「いつから入居できますか。母のことを考え、何十件も有料老人ホームを調べて、三件体験入居もしてきたのですが、合わないのです。また、自分たちの傍のマンションへの引越しも考えたのですが、高齢ということで断られてしまうのです」。このような内容でした。

建物が完成する前に、近くのカフェ「ルココ」でやっていた「ふらっとお茶会」「チョコっと塾」に娘さんご夫婦が参加してくださり、感触を得たのち、ご本人も参加してくださいました。緊張されているご様子でしたが、その後決心され、完成後ご入居されました。一軒家にお住まいでしたので、怒涛のようなお引越しだったかと思います。処分したくないものとのお別れも、よくできたな～と関心してしまいました。「よく決心できましたね」との問いに「娘のためです」と当時答えられていました。よくわかる心境でした。

お引越しされてから、かれこれ二ヶ月くらいからはお元気になられました。きっとお引越しの疲れがようやくとれ、新しい生活にも慣れてきたのでしょう。以前していたというちぎり絵をもってこられたので、額に入った力作は二階の通路に、またその他のものは季節に応じた絵柄のものを一階ラウンジに飾らせていただいています。亡くなったご主人の鎌倉彫も思い出にもってこられたので、ここでは小さ目の七福神や茶たくなどを使わせていただいています。

亡くなった方が遺したものを見ると、それをつくっていた姿や様子が思い出されると思います。私も母が着ていた着物の端布を見ると、普段着ていた和服だったり、父兄参観などに着ていた羽織だったりで当時が思い出され、処分しにくいのです。しかし、すべてに対してお別れをしていかないと、いつまでたっても山のような段ボール箱を抱えていないといけません。何ともいえないつらいことです。しかしこの方は、そのつらさはあるものの、前向きな姿勢・話を絶えず示してくれるのです。私もあと二〇年余り先にこの方のようにできるかしらと思ってしまいます。

植えた菊の手入れに余念のないSさん。

また、以前お庭で五〇〇種くらいの菊を育てていらっしゃったとのことですが、その一部をもってきてくださり、こちらに植え、育てて、秋に花を咲かせくれました。この育てる手間の大変なことには感心するばかり。教えてもらうはずでしたが、こちらの都合でなかなかできませんでした。水やり、栄養やり、殺虫剤まき、日陰に入れたり、日向に出したり……こまめにしないといい花は咲かないのですね。夏の朝は五時から起きて水やりをしていらっしゃいました。お花が大好きです。

ここで催すいろいろなイベントにも積極的に参加してくださり、すぐに皆と顔なじみになりました。ご自分でつくったおかずをもってきてご一緒に食べたりと社交的です。お年なのでそれなりにときどき体の具合は悪くなりますので、ご家族と細かく連絡をとりながら注意深く見守っています。通常はお元気なので、お買い物も食事づくりもご自分でされます。お掃除だけはヘルパーさんに来てもらっています。新しい環境によく慣れていただきました。

○すべて一人で判断、歌の上手なAさん

次にご紹介する方は、雑誌に載ったのをご本人がご覧になって問い合わせくださったのでした。もうはじめからここに決めた様子での話から始まった気がします。これまでのお勤めもお住まいも杉並区だったこと、そして荻窪、西荻窪に生活圏があったことで、買い物先や医療関係を替えなくてもいいことがとても重要なご様子でした。すべてをご自分で判断され実行されています。この方にも脱帽です。他の方の手助けがないので、コミュニティを大事にしているように思えました。

さあ、肝心な引越しの話です。お部屋を決めたあと、まず家具を購入されました。ご自分のなかで、新しい生活に入るために、それに合った家具を購入しようと前から決めていたのです。寄り添って相談に乗ってくれたのは若い建築家で、この建物を事前リノベーションしたツバメアーキテクツの方です。既成の物（ベッド、椅子）とオーダーの物の二種類の注文があったのですが、Aさんは固定電話しかもってなく、携帯もないメールもないなかで連絡をとるのも大変でしたが、手厚いフォローをしてくださり（相談し、見に行き、長さを測ったりして、ていねいに対応してくださったので）、結論からいうと、素晴らしい望み通りの長めのテーブルと椅子・ベッドを設置することができました。ご満足だったかと思います。

いざ引越しですが、通常の一気の引越しではなく、まずこちらで生活できるだけのモノの引越しがありました。そのあとは、前の部屋の片づけに毎日通い、三〜四ヶ月かかっていらないモノの譲渡先を決めたり処分したり、ようやく年末に赤帽さんによる四回の引越しで年明けに終了となりました。ご苦労様でした。しかし、今度は新居の部屋からはみ出した段ボールの山を崩していかなくてはいけません。まだ引越し後の作業は続いています。

この引越しの作業中も、それだけをしていたのではなく、ご自分のメンテナンスのために半日は

ふらっとお茶会に参加のお二人。

プールや発声やその他に参加して、残りの半日を片づけの時間に回していたのです。すごいでしょう。また、その間には新居のイベントにも参加してくださり、昔の歌も披露してくださいました。声がとてもきれいなのです。ラジオ派、電子レンジ不使用派でもあるのですが、入居後は携帯をもつことになったのでした。

このように何でも興味をもってくださるお二人で、いろいろと首を突っ込んでくださるので、どのイベントも大歓迎しています。これからは新居だけの生活になるので、少しゆっくりとできるのではないかと思っています。

朝はだいたい七時半に、私を含めてノックして顔を揃えて、お互いに今日の予定を話して、具合を見て散会です。夕方は七時ごろ、風呂の用意ができたことを告げに行って、あとは出たら次の方に知らせるという流れが出来上がっています。

大学生との関わり

この荻窪家族プロジェクトは、大学で学んでいる（とくに社会学部系の）学生や大学院生が研究課題として「つながり」「コミュニティ」などをキーワードにネット検索するとヒットするらしいです。

縁故からの紹介もありますが、知らない学生からメールであるいは直接訪問などで問い合わせが多くありました。学生にとってははじめての行動だったかと思いますが、インタビュー希望を述べ、自分の都合で日程を指定して、卒論の期限に間に合うようにと書いてくる方までいました。実りある卒論にしてあげたい、学生を育てることに関わりたいと思うのですが、一回限りの聴き取りで理解できるはずはないし、実りあるものにはならないでしょう。問い合わせをいただいたら、学生であろうと誰であろうと必ず対応しているのですが、お断りのお返事を出すとぷっつり返信はなくなってしまうのです。お断りの返事をいただいたら、もう一度考慮したことに対して感謝の意を簡単に表すことを求めたいです。ていねいに対応しているのですから。こんな具合で、私も学生対応をはじめて学ばせていただいたわけです。

問い合わせいただいた学生さんたちのなかで、熱心な某大学某学科の学生チームと、連先生が教鞭をとっている某大学の学生一人が、現在、主に関わっています。知らないところに関わっていくことは勇気がいることで、はじめは固まっていたかと思いますが、回数多く関わってくると、彼ら彼女らの発言が予想できないことばかりで、驚きもありますが、楽しさもいただいています。

彼女彼らのなかで幅広く経験がある子は、実績が自分自身の考えになってきていて、ここでの経験からスポンジのように何かを吸収しており、またこれが自信となり体験から喜びを得ているように見えます。おそらく今の学生さんの多くは、シンプルな親子だけの家庭に育ち、一人一人が多種多様な得意技のある、多世代が集う複雑な家庭を知らないのだろうと思います。これは実のわが子に

クリスマスの飾り付け。風船にボンドを付けた毛糸を巻き、完全に乾いたら風船をわる。

もいえることです。複雑な交わりの体験をさせてあげられるのは私たちなんだと気づかされました。

ここでの経験には次のようなものがありました。荻窪家族プロジェクト主催のシンポジウムがあったのですが、参加したい高齢の入居者さんは会場や交通が不案内でした。それで学生に行き帰りの付き添いを依頼しました。気をつけることとして、長く歩いたり立ったりしていると腰が痛くなるので、駅ではエスカレーターやエレベーターを利用し、会場まで歩く場合もできるだけ短い距離で移動できるようにしてほしいと。その学生は、事前に調べて無事に実行し、感謝されていました。

また、イベントをここで開催したときに、学生にテントを張ることを依頼しました。実際に行動してみると、ワイルド派はおらず、キャンプなどもしたことがないようでした。

クリスマス飾り付け準備会は、学生の一人が計画を立てて、相談したり、事前に飾り付ける品をつくったり、買い物に行ったり、参加学生を募ったりと、授業があるなか張り切って取り組んでくれました。当日、製作グループに分けるのにアイデアをもってきて実行し、和気あいあいと製作していました。参加メンバーのなかには、会場に案内した入居者さんや他の入居者さん、地域の方も交じっていました。まあまあの出来の作品を飾り付けて終了。それから、お待ちかねのお食事タイムです。前日から百人力サロン担当の関屋利治さんと企画学生がカレーを仕込んでいたのです。集会室で皆、一緒に食べました。おいしかったこと。

参加した学生がどんなことを感じて帰っていったか、ぜひ聞いてみたいものです。

クリスマス会

入居者さんと一緒に祝うクリスマス会がありました。

一品持ち寄りです。私（瑠璃川）が鶏肉を使うので重ならないようにね。ローストビーフにしましょう。自作ブッシュドノエルをもっていきます。果物いっぱいにしたい。手巻きずしにします。ワインもっていきます。煮物つくります。牛のしぐれ煮とタクワン大葉の混ぜお寿司もっていきます。などなど名乗り出て、とても楽しみになってきました。

主人は、会社で使わないクリスマスツリーを二台もってきてくれて、飾り付けをしようとしたら、ピカピカ光るのがないのに気がつき、数日後電気屋で調達してきて、愛犬を傍に侍らせながら楽しそうに飾りつけしていました。外からもピカピカが見えるように窓際に置いてもらい、ブラインド

オーナーの飾り付けに付き合う愛犬。

を開けたほうがいいか閉めたほうがいいか外から確認したりと、おかげで飾ったその日から気分が乗ってきました。

クリスマス会当日は見学会がありましたが、続けて開催しました。参加者は一六名ほどで、テーブルの上に載らないほどお料理が並びました。もちろん食べてばかりではありません。歌や踊りは出ませんでしたが、どうしてここに関わっているかとか、何をしているかとか、自己紹介も兼ねてお話ししました。これが、めざせ大家族です。入居者さん二人、入居者さんの親族二人、新しく入居予定の方、建築家の連先生、先生の知人、大平さん、上野さん、関屋さん、森さん、学生さん、瑠璃川夫婦、瑠璃川親族二人、というところです。

次回のクリスマス会は一年後ですが、どんなふうになっているか、あふれるほどの参加者になるのでは……と思い、今から楽しみになっています。

そして、それまでに大家族会が何の演目で何回開催されるか、そちらもお楽しみに……。

今思うこと

二〇一六年を迎え、ここまで来ました。

今思うと、ずいぶん大きいことをしてきたんだなと思います。夢である荻窪家族プロジェクト構想が、自分にとっても他の人にとっても、難しいことだけれどいいことだと信じてきました。それも、両親が遺してくれた身に余る不動産はあるものの、私自身は誠実だけれど力がないなかで……。私は経験したものをフル活用していますが、決して実力があるわけではなく、こんなところまで来てしまったというのが実感です。どうしてここまで来れたのかと時々思うのですが、知恵ある方々に引き上げられたとしか思えないのです。

ならば、どうして引き上げてくださったのだろうかと思うと、やはり同じことを皆も思っていたからではないだろうかと。巻き込むのが上手といわれることがありますが、意図して行動したことはありません。そういえば、この事業に興味をもった学生に、蟻地獄に入るとか、魔界だとか、いわれたことがありました。今までに会ったことがない優れた方々、知恵ある方々が、こんなにそばにいて応援してくださる。こんな出会いをつくってくれたこの構想、やっぱりすごいと再確認です。

これは魔法の絨毯のすごさかもしれません。知らない間に誰かが運転して知らない世界を見せてくれ、その効果でしょうか、考えも広く深くなります。この絨毯は、今後もたくさんの運転手により、味わったことがない世界を体験させてくれるでしょう。そのことが何をもたらすのか、何に変化が出てくるのか、心を落ち着かせて見ていたいです。

コラム●学生から見た「荻窪家族レジデンス」

早稲田大学人間科学部　**奥村友梨**

私が「荻窪家族レジデンス」（以下、荻窪家族）を知ったのは二〇一五年の夏休みのことでした。ゼミの先生から「新しいタイプの住まいがあるそうだ」といわれ興味をもちました。もともと地方から上京してきた身であったため、大学に入学してからの二年間、女子寮で暮らしていました。そのため、ゼミでは「共同で住む」ということをテーマに調査をしたいと考えていたのです。

秋学期になり、荻窪家族の設計者である連先生の授業を受講しました。これをきっかけに、連先生に「荻窪家族でどのような活動が行われているのか、お話を聞きたい」と申し出ました。そうすると「調査をすることはかまわないが、君が調査相手にできることを考えて行動しなさい」といわれたのです。なるほど、調査をするということは相手にとって負担がかかることであり、一筋縄ではいかないのです。

実際に、荻窪家族のオーナーである瑠璃川正子さんや、百人力サロンを担当している関屋利治さんにお話をうかがうことができました。自分の住まいを地域に開くことは決して簡単なことではありません。また、さまざまな専門家が関わっている住まいなどこれまで考えられなかったのです。しかし、荻窪家族はじっくりと長い年月をかけて、専門家だけでなく地域の人たちが話し

「クリスマスの飾り付けワークショップ」であいさつする筆者。

合って完成しました。人々に自分の住まいを提供している瑠璃川さんの懐の深さ、まだ誰もやっていないことに挑戦してみようという意志の強さがうかがえました。

さて私は、この経験を通じて、学生にも広く荻窪家族のことを知ってもらいたいと感じました。そこで二〇一五年一二月の初めに「クリスマスの飾り付けワークショップ」を自ら企画して、学生十数名と荻窪家族の居住者、百人力サロンメンバーの計二〇名ほどで行ったのです。これまでの引っ込み思案な自分では考えられなかったことです。事前に十分な準備を重ね、また来てくれた学生たちと荻窪家族の温かい雰囲気もあいまって、無事ワークショップは大盛況で終えることができました。これは自分にとって大きな挑戦となりました。

先ほど私は荻窪家族が「完成した」と述べましたが、それは間違いでした。荻窪家族はそこに関わる人がさまざま挑戦できる「未知なる場」であると、自身のワークショップを通して実感しました。チャンスを与えてくださった連先生に感謝をするとともに、今後も変化する荻窪家族に期待したいと思います。

荻窪家族プロジェクト

新しい高齢者居住・多世代居住を考えるシンポジウム

日時：二〇一五年一一月二八日（土）一四時～一六時三〇分
場所：セシオン杉並　視聴覚室

【司会進行】
連健夫（建築家・連健夫建築研究室代表／設計者）
【パネリスト】
瑠璃川正子（荻窪家族プロジェクト代表）
山道拓人（建築家・ツバメアーキテクツ代表／事前リノベーション担当）
関屋利治（社会保険労務士／百人力サロン担当）
上野佳代（千葉県立保健医療大学教員／荻窪暮らしの保健室担当）
【コメンテーター】
疋田恵子（杉並区社会福祉協議会生活支援課生活相談係長）
松村拓也（日本土地資源協会代表理事）
小原隆（日経BP社建設局ネット事業プロデューサー）
〈澤岡詩野（ダイヤ高齢社会研究財団主任研究員）は当日体調不良のため欠席〉

はじめに

連：司会進行を務めます、連健夫です。どうぞよろしくお願いいたします。今回のシンポジウムでは、荻窪家族プロジェクト（以下、荻窪家族）が新しい高齢者居住としてソフト面・ハード面ともいかに魅力的であるか、を伝えていきたいです。瑠璃川さん、本日欠席された澤岡さんからのあいさつの代読をお願いいします。

瑠璃川：澤岡さんから「老年社会学の研究者として、本日出席することができないのがとても残念です。超高齢社会真っ只中の日本において、自立した自分らしい生活を最期まで送ることは難しくなっています。ここで大事なのは、家族以外の多様なつながりをもち、そこに役割を見出せることといえます。荻窪家族は、多世代間で地域とつながり、そこに役割を見出せる住まい方といえます。このシンポでは、荻窪家族の住まい方を一つの例に、今後、家族形態、社会保障が劇的に変化するなかでの住まい方を、共に考えていただけたらと思います」というメッセージをいただきました。

連：瑠璃川さんは澤岡さんとどのようにして知り合ったのですか。

瑠璃川：杉並区の地域大学の講座を受講していたのですが、澤岡さんは老年社会学の研究者としていらしており、そこで知り合いました。

連：澤岡さんと出会ったのが荻窪家族プロジェクトのきっかけですね。私も建築家で、澤岡さんから紹介で関わることになりました。

荻窪家族プロジェクト誕生について〈瑠璃川〉

瑠璃川：私がどうしてこのようなことを考えたのかについてお話ししたいと思います。築八〇年の母屋と四〇年経つアパートを荻窪にもっておりまして、この建物を今後どうしたらいいのかについて考えていました。両親の介護を通して介護の大変さを知り、自分の老後を考えたとき、荻窪の住まいを地域に開くことで、皆さんが来てくださるような賃貸住宅にしたいと思いました。私自身が助けられるだけではなく、地域で助け合っていく住まいが必要と思ったのが出発点です。

建築面に関して〈連〉

連：私自身は日本の大学と大学院を卒業しゼネコンに一〇年間勤めました。一〇年目で胃の手術をして人生観が変わり、イギリスに留学しようと決断しました。五年間学生・教師としてイギリスに滞在したあと帰国し、建築家として設計をしております。イギリスで学んだことは「参加のデザイン」で、ユーザーが設計プロセスに参加しながらより使いやすいデザインにすることです。澤岡さんは、家と会社あるいは学校以外の「第三の居場所」がヒトを豊かにすると主張されています。私も「街の縁側」としての街の居場所づくりが大切と考えており、そこで澤岡さんと意見が一致したわけです。

そして瑠璃川さんから設計依頼がきて、まずはコラージュ（絵の切り貼り）を通して、新しい住まいについての基本となるキーワードを考えました、瑠璃川さん自身のキーワードは「人のつながり、地域、ルーツ」であり、瑠璃川さんのご主人のキーワードは「安心・安全」でした。これをもとに複数のプランを考えました。驚いたことは、普通、家主と住人の玄関や浴室は別であるのに、瑠璃川さんは住人とともに住むプランを希望されました。全体的には有機的なデザインや周辺環境との調和を考えて設計しました。確認申請の際の区役所や消防署の事前相談で、当初は福祉施設や商業施設ではないかと思われました。話を重ねるにつれて、集合住宅であると理解してもらいました。

隣人祭りなどの機会に、タイルのワークショップを行い、地域の人に参加してもらいました。私自身、これからの高齢者居住として、多世代居住と参加がキーワードになるのではないかと思っています。工事が始まってから、事前リノベーションとして、ツバメアーキテクツに参加してもらい、ワークショップをして共用部分のリノベーションデザインをしてもらいました。

事前リノベーションについて〈山道〉

山道：ツバメアーキテクツという事務所を運営しております、山道拓人です。一九八六年生まれで、連さんの息子さんと親交があり、関わらせてもらっています。工事着工後に、連さんからお声がかかりました。僕たちの役割は「この建物（荻窪家族レジデンス）の使い方を、住んでいる人だけでなく、地域の人や若い人に使ってもらえる空間になるよう、考えていくこと」です。

「事前リノベーション」として、「荻窪家族レジデンスをどう使うか」と「どうやって変えていったらよりよいか」についてのワークショップを行いました。フォークダンス形式、チーム形式などで回数を重ねて使い方を考えました。いろんなアイデアをいただいて、新築の建築であるにもかかわらず、事前にリノベーションしました。玄関横や集会室に黒板塗装の壁を設けたのも、ワークショップのアイデアあってこそです。非常にチャレンジングな事例ではないでしょうか。完成したあとにも街に賑わいをつくり出すことができたのではないかと思います。

荻窪暮らしの保健室について〈上野〉

上野：看護師をしております、上野と申します。「福祉センターに高齢者の方が一〇年以上通い続けて元気なのを観ていた経験から、住まう家とは異なる場所があればいいな」と思い、私が看護職としてできることはないかとずっと考えておりました。澤岡さんと同じように「第三の居場所」に関心があり、瑠璃川さんから「（荻窪家族レジデンスで）保健室をやりたい」と聞き関わるようになったのがきっかけです。ちょっとしたことを暮らしのなかで相談できる場を提供したいと思い、「荻窪暮らしの保健室」を開設しました。

健康に関するお話をお聴きする場所として、医療・健康・介護についてのご相談、暮らしのなかの困り事についてお茶を飲みながら話せる場にしたいです。月に四回、専門家が滞在し、ミニレクチャーをしてもらっています。杉並区の地域の保健医療福祉の拠点とのつながりを大切にしていきたいです。

百人力サロンについて〈関屋〉

関屋：百人力サロン担当の関屋と申します。五年前に父親を在宅で介護した経験がありまして、たまたま瑠璃川さんの活動を知ってフェイスブックでつながり、関わらせていただいています。百人力サロンは、荻窪家族レジデンスの地域開放部分（一階のアトリエ・集会室・ラウンジ）で活動を行っています。地域を基盤としたコミュニティのなかで支え合うことを基本にしています。「百人力」というのは、「自分を支える百人の方々」という意味と「自分も誰かを支える百人の内の一人である」という意味があり、さまざまな方がいることが強みになると思います。お互いに力と知恵をつけ合う場になってほしいですね。

「ふらっとお茶会」と「チョコっと塾」を月一回継続して行っています。「百人力食堂」は最近スタートしました。その他「ＡＩこもどサロン」という子育てサロンや、先ほど上野さんから紹介のあった「荻窪暮らしの保健室」を行っています。会員になっていただきますと、ラウンジや集会室などを利用できます。基本的にメンバーが主催し、百人力サロンの主旨に合うものであればご利用いただけます。推薦制度という、安心・信頼・心地よさをベースにしているため、興味をもってくれた方と信頼できる関係をゆっくり築いていけたらと思います。

パネリストとコメンテーターによるディスカッション

連：それでは以上を踏まえてディスカッションをしたいと思います。まずは、コメンテーターの方、荻窪家族に関して感想をいただけたらと思います。小原さんからお願いします。

小原：建築のハード面として、建物を建てている途中にリノベーションをするのはゼネコンさんは嫌がったのではないでしょうか。

連：相見積もりの段階で、ワークショップを行うことを説明しておりましたので、とくに問題はありませんでした。

小原：住宅の設計ではトラブルの事例がよくありますが、施主さんと一緒につくっていくことでデザインを共有することができるので、トラブルを防ぐことができますね。建設途中でも手を加えていくことで、一緒につくっていくことはとてもよいことではないかと思います。

連：それではソフト面について疋田さん、お願いします。

疋田：社会福祉協議会の疋田と申します。もともと瑠璃川さんの以前のアパートの空いている一室をお借りして、子育てサロンを開く住民の方を支援しておりました。最近は自宅開放型といって地域に住まいを開く方もいるのですが、建物の構造が開放的につくられていないのが悩みです。荻窪家族はそういった面で設計前から住まう人のことを考えておられるので、すごいなと思いました。瑠璃川さんご夫婦が私的な空間を開放して自由な空間づくりにチャレンジされることに、とてもワクワクしています。荻窪家族レジデンスに住まうと、日常生活のなかのコミュニティがより身近に感じられると思います。

連：では、松村さん、お願いします。

松村：松村と申します。私は、祖師ケ谷大蔵にある「笑恵館」に関わっております。笑恵館は田名夢子さんという方が所有する古い自宅とアパートです。田名さんの「一人暮らしでも地域のご近所と家族のように親しくすることで娘たちに心配をかけたくない」という思いを起業ととらえ、私がサポートしています。

当初、田名さんは荻窪家族のような建て直しを希望しましたが、不慣れな新築建物より、現状の手直しのほうが家族や協力者の合意も得やすいと思い、「建て直しをせずにこのままやろう」と提案しました。笑恵館には母屋とアパートがあり、母屋の部分を改築する形にいたしました。田名さんは「母屋の中の小さなスペースで暮らすから、その他の部分を全部開放したい」といい、実際にオープンしたところ、五万円でも入らなかったアパートの部屋が七万円ですぐに満室になったのです。日当たりが悪く人気のない二部屋はシェアオフィスとして自由に使えるようにしました。どうして七万円で人が入ったのか、というのは簡単な話で、七万円で自分の部屋だけでなく、笑恵館全体を自分の家として使うことができるからです。廊下も階段も庭もキッチンもパン屋も全部です。

荻窪家族を知って、すぐに満室なのかなと思ったら違っていたので驚きました。共用スペース、百人力サロン、暮らしの保健室などのよさがまだまだ伝わっていないのかなと思いました。

連：やはり居住者が増えていってほしいという想いはあります。笑恵館と荻窪家族の共通点、違いなどがあればお願いします。

山道：共通点は空間の使い方だと思います。新築と改築の違いや目的の違いもあり、単純に比較できないのですが、集まってくる人のキャラクターが違うのではないのかなと思います。

松村：実は笑恵館は古いまま使ってしまったので、多世代ではなく、若い人しか来ないのです。荻窪家族は建物が新しくとても安心ですが、若い人たちにいかにして興味をもってもらえるか、というところがポイントでしょう。

関屋：私は笑恵館の近くに住んでいまして、山道さんの意見に共感していまして……土地柄として荻窪家族のほうが品がよい感じがします（笑）。笑恵館ももちろんよいですよ。でも、新築と改築ということで、そこの部分はどうしても差があるのかな、と思いました。今後の課題は、どうやって荻窪家族のよさを発信していくか、だと思います。粘り強く発信していくことが大切ですね。

瑠璃川：田名さんと私の想いは同じですね。建築面や中身に違いがあれ、同じように頑張っていきたいと思いました。

連：「私を公に開く」という点が荻窪家族と笑恵館の共通点であり、今後、建築や街づくりにおいて重要なキーワードになるのではないかと思います。上野さん、いかがでしょうか。

上野：専門職の人々はフォーマル（公）な場には多くいるけれど、インフォーマル（私）な場ではあまり活動していない印象です。その点、家という「私」に専門職という「公」が入ってきていることは荻窪家族レジデンスの強みだと思います。ただ、これが付加価値であるといえるかどうかはまだまだ難しいですね。しかし、今住んでいる方を見ていると、自分の生活以外の場所の一つとして利用していただいているようで、それが住んでいる方の安心感につながっていると思います。

疋田：住む人がいない場を「公の場」にすると途端につまらなくなります。禁止事項ができたり、ルールが決められてしまったり。しかし「私の財産を公的に開く」となると、そうではなく、面白さやワクワク感を感じられるのではないかと思いました。

連：シェアについて、荻窪家族の特徴はどのようなものであると考えられますか。

小原：共用部分がとても充実していますね。今後の入居者募集に関し、メディアでの訴求だけでなく、そのよさが賃料をクリアできるような工夫が重要であると思います。例えば、若い方は賃料を安く設定し、荻窪家族のなかで何か仕事をしてもらうとか、金融機関を巻き込んで地域の経済をうまく回していくことも大切だと思います。じっと待っていても入居者は増えないと思いました。

【質疑応答】

〈Q〉学生でも住みたいと思う人に向けて何か提案はありますか。

〈A〉**瑠璃川**：学生さん同士でシェアしていただくと負担が少なくなるし、荻窪家族内で何か仕事をしていただけると賃料も安くなると思います。

〈Q〉学生も関わっていけるようなプログラムはありますか。

〈A〉**関屋**：ちょうど百人力サロンで学生とサロンメンバーでの「クリスマスの飾り付けワークショップ」を企画しています。クリスマスの飾り付けを通して学生さんにも百人力サロンのよさを知っていただき、住まなくても、サロンメンバーとして関わっていただけたらと思います。

〈Q〉瑠璃川さんのきっかけが親の介護であったと思うのですが、介護においてどの程度まで地域の助け合いが必要だと思いますか。

〈A〉**瑠璃川**：大切なのは「気づき」です。例えばふらっとお茶会でいつも来ている人がいないとなったときにあの人どうしているのかなと周りの人が心配してくれる、そんな「気づき」が地域で必要なのではないかと思います。また、それには「時間」と「信頼感」が必要なのですが、この「気づき」こそ地域助け合いの糸口になると思っています。

最後に一言

関屋：これまで関わっていない方々からのコメントがとてもありがたいと思いました。パイオニアだからこその高いハードルを越え、楽しんでいきたいと思います。

山道：社会から湧き出てくる新しい活動を受容するような、ゆるさや曖昧さをもった建築をつくっていきたいと思います。

上野：シェアとしてシングルマザー・学生・ペットを飼っている方にも暮らしてもらえるといいと思います。「学生」と「シニア」の多世代交流がもっと活発になってほしいです。

瑠璃川：まだまだ知らない方々に荻窪家族のよさを伝えていけたらと思います。

疋田：日常のご縁が広がって私も関わっているので、これからも地域の活動を支えていければいいなと思います。

松村：何よりも若者対策が必要で、若者の雇用を積極的に生み出す工夫が重要です。賃料の一五万円は表の顔で、裏では学生に安い賃料を設定して仕事をさせたらいいですね。モノを共有するのが家族です。家族のように居住者と接するのは大切です。

小原：さまざまな賃貸があるなかで、意識の高いオーナーがいるということは奇跡に近いです。絶対成功させて次につなげてほしいです。

連：いろんな視点があり面白かったです。今後の荻窪家族について考えるヒントをいただきました。どんどん進化していく現在進行形の荻窪家族プロジェクトを、今後ともよろしくお願いいたします。

（テープ起し：奥村友梨）

おわりに

両親が四〇過ぎで、たまたま生きて引き揚げてこられた結果、私が生まれたので、子どものころは厳しい生活だったようです。出産し授乳している母のために牛乳がたまに一本配給されたのですが、祖父母との同居もあり、自分だけ飲むわけにはいかなかったので、シチュウに入れて皆で食べたと母が話していました。争い事は好まないやさしい母は、その時代では珍しく東京女子師範学校出で植物を専門として教師をしていました。父は正義感が強く、からだを張って現場に立つこともする頼りになる強い弁護士でした。電車の中でつり革をひねって引きちぎろうとしている酔っ払いにも、黙ってはいられず実力行動もします。反対に殴られたらどうするの〜?と家族からはいわれていましたが。また、政治に直接関与していなくても、日本を背負って立つ感さえあった父でした。

今の時代のような娯楽などほとんどせずに自分たちの背中を見せて生きる真髄を教え育ててくれた両親から、身に余るこの不動産を譲り受けることになり、今さらながら両親に感謝しています。

両親を見送るまでの介護生活は一〇年以上ありました。その間、介護保険を使いつつ制度について、また使うにあたって心構えとでもいうべきことを教えてくださったのは、後に「全国マイケアプラン・ネットワーク」を立ち上げた島村八重子さんです。私の考えの基礎をつくってくださり、とても感謝しています。今後も影響を受けていきたいお一人です。

すぎなみ地域大学の講座（二〇〇六年度地域で子育て支援講座、二〇〇七年度公共サービス起業講座）受講後に、老年社会学の研究者として同講座に関わっていた澤岡詩野さんと出会いました。本当にしたいことを言いたい放題話しましたら、応援したいとのこと。事あるごとに私の足りないところすべてを埋めてくださるのです。こんなに力強く、自身のすべてを差し出してくださり、応援してくださる方との出会いは二度とないと思っています。澤岡さんなしではこのプロジェクトはできませんでした。感謝するとともに生涯の友人を得た思いでいます。

澤岡さんの紹介で建築家・連健夫先生と出会うことができました。この建物が特殊であることを大歓迎し、心身ともに応援し、形にしてくださったのです。建築では幾多の困難にもめげない頼もしい先生であり、そのうえ若者を育てる視点でご自身の経験等による宝を惜しげもなく与えていること、建築に対する熱い思いなどを知り、ファンの一人になりました。そして一緒に創り上げてくださった建物と人の和、これにはたくさんの感謝とともに尊敬の念でいっぱいです。

資金のことで金融機関との折衝に力をそそいでくださった蒔田耕一税理士事務所の蒔田耕一先生と須藤秀夫先生、執筆者の方々、その他お世話になった方々に、この場を借りて感謝申し上げます。

本書の出版にあたって、萬書房の神谷万喜子さんにお世話になりました。感謝申し上げます。

最後に静かに支えてくれているベターハーフの瑠璃川崇に愛をこめて感謝いたします。

二〇一六年三月

荻窪家族プロジェクト代表　　瑠璃川正子

◉資　料◉

○荻窪家族プロジェクトの歩み
○建築デザイン発表会梗概
○荻窪家族プロジェクトが掲載された新聞・雑誌

【荻窪家族プロジェクトの歩み（瑠璃川正子記）】

▼1999年
実母の介護が始まったのは措置の時代の最後だったが、福祉事務所職員の態度に違和感を感じる。荻窪の土地は以前から瑠璃川が引き継ぐことになっていたが、老朽化でどのくらいもつかも気になっていた。この頃から荻窪家族プロジェクトの原型の構想が始まる。

▼2001年
10月3日　日経新聞に島村八重子さんの「全国マイケアプラン・ネットワーク」発会の記事。これを読んで日経に問合せし、吉祥寺で島村さんと会う。

▼2005年
島村さんと「コレクティブハウスかんかん森」「松陰コモンズ」「COCO湘南」等あちこちのシェアハウスや有料老人ホームを見学する。

▼2006年
6月　すぎなみ地域大学「地域で子育て支援講座」を受講する（07年7月3日まで）。

▼2007年
8月　NPO法人ちぃきちぃき設立。

▼2008年
3月31日　「ひとときを保育方南」オープン。そのとき澤岡詩野さんが取材で来所し聞き取り。瑠璃川最悪のときで取材で泣き出す一歩手前。何だかわからないけど応援するといってくれて冊子となる（「すぎなみ地域大学修了者のための地域活動ガイドブック」）。

▼2009年
10月31日　NPO法人CBすぎなみプラスの「コミュニティビジネス入門講座」に講師の一人として参加。河合秀之さんと出会う。

▼2010年
秋　食事会〝瑠璃川亭〟始まる（島村さん、澤岡さん、疋田恵子さん、河合さんたちが集まる）。
島村さんと「ケアタウン小平」（東京都小平市）「かあさんの家」（宮崎市）見学。

▼2011年
初夏　島村さんと新宿の「暮らしの保健室」見学。

▼2012年
4月15日　第一回隣人祭り開催。
7月6日　連健夫先生、瑠璃川宅訪問（澤岡さんと）。
7月12日　第二回隣人祭り。旧アパートの室内にて行う。
8月10日　一階、デイサービス二〇坪、居室五戸、トイレの他に賃貸スペース。二階、共同リビングダイニング、居室五戸、客室一戸、トイレ一戸。三階、瑠璃川自宅のイメージをつくる。
10月21日　第三回隣人祭り。

▼2013年
3月21日　国土交通省助成金説明会参加（瑠璃川・連）。
4月8日　国土交通省「高齢者・障害者・子育て世帯居住安定化推進事業」の平成25年度に応募したが、25年度内に完成することが必要とわかり応募を断念。
5月12日　「ゆうゆう荻窪東館」ご近所説明会（杉並区中高層建築物の建築に係る紛争の予防と調整に関する条例により、近隣住民に説明会を開催）。
5月25日　澤岡織里部さんのタイル絵付ワークショップ初回（以後、高円寺コモンズにて数回開催）。
7月7日　第四回隣人祭り。タイル絵付ワークショップ（上野佳代さん参加）。
9月28日　旧アパートでの説明会（プロジェクトの説明、家賃想定、HP紹介等）。
11月17日　タイル絵付ワークショップとチームミーティング@ダイヤ財団（以後、数回開催）。
12月上旬　解体工事始まる。
12月1日　タイル絵付ワークショップとチームミーティング@高円寺コモンズ（関屋利治さん参加）。

▼2014年
1月24日　地鎮祭。
2月15日　シニア社会学会。「地域のきずなを強めよう～最期まで自分らしく活きるために～」講師の澤岡さんのゲストとして瑠璃川が参加。
3月4日　コアミーティング@ダイヤ財団。ツバメアーキテクツの山道拓人さん参加。
3月23日　ツバメアーキテクツによる事前リノベーションワークショップ。フォークダンス形式によるアイデア出し第一回@with遊。
5月31日　すぎなみ大人塾まつりに「荻窪家族プロジェクト」として参加。
7月27日　シンポジウム「参加のデザインによる高齢者居住の新しい形」@杉並区商工会館。
8月28日　何でも勉強会@NPO支援センター。
11月7日　上棟式。

▼2015年
1月15日　タイル並べワークショップ。
2月27日　完工、受渡。オーナー宅塗装ワークショップ。
3月8日　塗装ワークショップ。
3月14日　ウッドデッキワークショップ（～15日）。
3月22日　荻窪家族レジデンス、お披露目会。
4月29日　荻窪家族レジデンス、見学会兼説明会。以後、毎月開催。
5月9日　荻窪暮らしの保健室オープン。
6月11日　百人力サロンキックオフミーティング（8月1日利用開始、入会受付スタート）。
11月28日　シンポジウム「新しい高齢者居住・多世代居住を考える」@セシオン杉並
11月29日　第五回隣人祭りとフリーマーケット開催。

所在地：東京都杉並区荻窪4-24-18
主な用途：集合住宅
敷地面積 :619.21m²
建築面積 :367.19m²
延床面積 :765.10m²
キーワード：高齢者住宅、シェアハウス、地域開放、多世代

Location : 4-24-18,Ogikubo,Suginami-ku,Tokyo
Main Use : Collective Housing
Site Area : 619.21m²
Building Floor Area :367.19m²
Total Floor Area : 765.10m²
Keywords : Elderly housing, Shared house, Open to local, Multigeneration

■設計意図

地域に開かれた賃貸共同住宅、シェアハウス的なアイデアを持つ高齢者居住という趣旨から、各住戸「私」から共用部分「公」へ段階的に各スペースを配置することとした。２階の各住戸からホールへ、そして居住者共用ラウンジへ、１階に降りて共用ラウンジ、アトリエ、集会室、そして外部のウッドデッキや庭という空間構成である。３階にはオーナー住戸と共用浴室を配している。屋上庭園も外部のゆとりのスペースとしての利用が期待できる。各住戸は２５㎡で、シャワー、洗面、トイレをセットにまとめ、ミニキッチンと収納を配したコンパクトなワンルームとし多様なテナントに対応している。すべてのプランは異なっており、また壁の仕上げも変えるなど多様性を持たせている。２階ラウンジは吹抜けとし、ガラスのトップライトで明るい空間である。キッチンを設けており、時には共同で料理、食事をすることなどが想定されている。

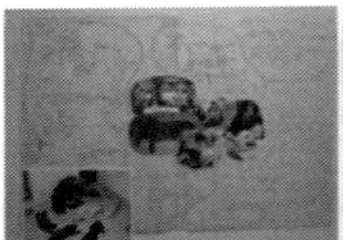
施主の想いが表現されたコラージュ

月に１回程度で行うコアミーティング

タイルの絵付けワークショップ

新しい高齢者居住をテーマにしたシンポジウム

共用部の事前リノベーションWS

リノベーションによるインテリア模型

塗装WSでの桐油塗装

ウッドデッキWS

■運営や組織

オーナーを含む主要協力者により月に１回程度のコアミーティングを実施し、様々な課題の検討をしている。当初は類似事例が少ない建物であるがゆえに、どのようなコンセプトにするか、どのように賛同者を増やすか、テナントをどのように募るか、共用部分の使い方や使用できるメンバー制をどうするか等が検討事項であった。その中でクラウドファンディングによるイベント企画やアイデアを深めるためのシンポジウムの企画なども実施してきた。今後の子育てサロンや保健相談室、勉強会などのプログラムや運営の具体的検討がなされている。建築やインテリアについてはWSを通して形ができてきたが、運営や組織の在り方についても常に話し合いの中で決めていくという現在進行形が特徴となっている。プログラムと建築デザインとの関係を大切にした進め方において、打合の回数は多くなる。トータルで施主の打合は45回、コアミーティングは27回、WSは15回、シンポジウムやイベント、勉強会は31回に及んだ。

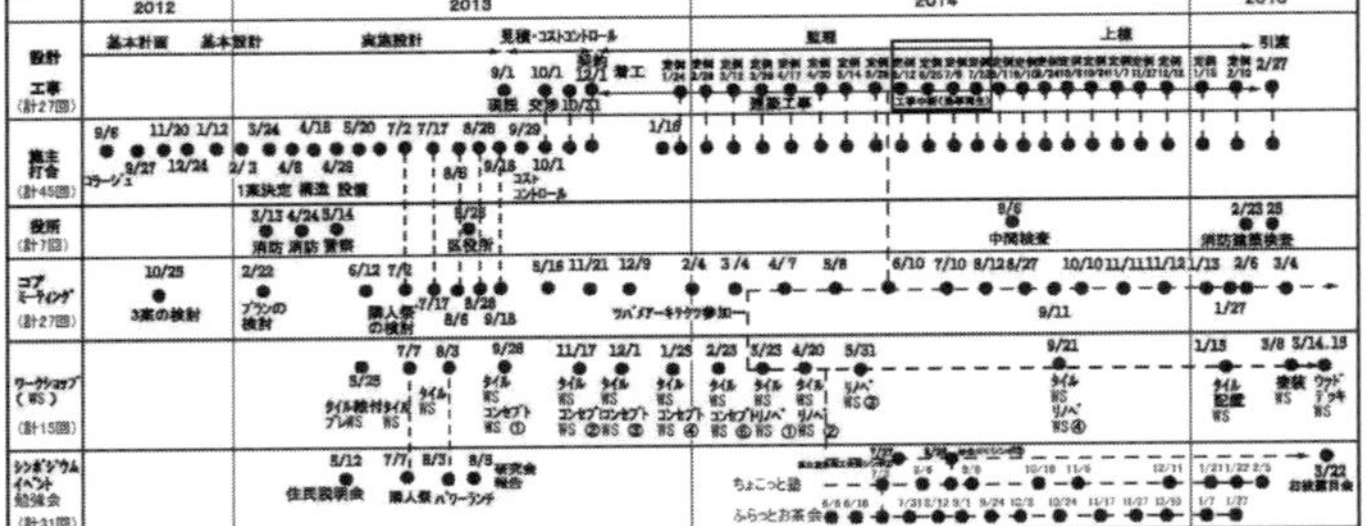

全体スケジュール

※ちょこっと塾：講師を招き様々なテーマで行う少人数勉強、ふらっとお茶会：特に目的を持たずに行う少人数のお茶会

荻窪家族レジデンス
〈地域開放型シェアハウス的多世代賃貸住宅〉

Ogikubo Family Residence
〈Rented Housing for Elderly with meaning of Shared house and open to local〉

正会員　○連 健夫*
正会員　澤岡 詩野**

*　（有）連健夫建築研究室　AA大学院優等学位、工学修士
**　（財）ダイヤ高齢社会研究財団　博士(工学)

○ MURAJI Takeo*
SAWAOKA Shino**

*　Muraji Takeo Architectural Laboratory , AA Grad.Hons.Dipl.ME
**　The Dia Fundation for Research on Ageing Societies　Dr Eng.

■経緯・建物概要

荻窪家族レジデンスは、新しい高齢者居住を考慮した地域開放型賃貸住宅であり、能動的に何かを協働するというシェアハウス的アイデアを持っている。施主（瑠璃川正子氏）は、自身の両親の介護経験から、既存には理想の施設が無いとの想いから、高齢者の研究者・澤岡詩野氏等の協力者と共に数年に渡って実現のアイデアを練ってきた。自宅とアパートの老朽化の建て替えを契機に具体化し、利用者参加のプロセスで設計が進められた。設計に当たっては、施主夫妻のコラージュからヒントを得ることや、興味・関心を持つ賛同者とワークショップ（以下WS）を実施することにより、設計内容を深めると共に、参加のプロセスを通し人の繋がりを拡げることに留意した。この中で共有部分を充実させること、地域に解放する工夫、荻窪の街並みへの配慮が求められた。工事着工後においては、共用部分のインテリアを利用者のニーズに合ったデザインにするために、興味・関心を持っている方を募りWSを実施し、仕上、什器、家具、色彩計画などのデザインを調整・修正する「事前リノベーション」※1 を実施した。施工への参加機会としては、タイル配置WS、壁天井の塗装WSとウッドデッキづくりWSを実施した。

荻窪の街並に配慮すると共に、1階外周部にウッドデッキや庭、駐車場など有効なスペースを設けることが求められた。

2階居住者用ラウンジは居間的な場、キッチンがあり、多様な利用が期待できる。トップライトには貯留した雨水を散水し冷房負荷を下げると共に、癒しの効果を期待した。

■設計時の利用者参加

（1）施主のコラージュからのヒント出し（2012年9/6、施主と協力者1名）

施主の作成したコラージュからのデザインキーワードは、「開かれた場、人の繋がり、地域、ルーツ、終の住処、安心、安全」などが挙げられた。（それらを元に基本設計に進む）

（2）施主・協力者とのミーティングと複数案からの選択（2012年10/25、施主夫妻と協力者3名）

3案の提示と検討を行った。この中でオーナー宅の専用階段は不要、専用浴室は不要で3階に共用浴室を利用することが明確化された。共用部分として、居住者ラウンジ、地域開放ラウンジ、大工や裁縫などができるアトリエ、子育て支援や保健相談室ができる集会室が必要諸室となった。（その後、施主との打合せにより1案を選択）

（3）意見交換会とタイルの絵付WS（2013年7/7、参加14名、8/3、参加16名）

興味関心のある方々を募り設計案の説明と意見交換を行う。併せて玄関及び共有ラウンジの床に貼るタイルの絵付WSを陶芸家の指導で実施した。（その後月1回のペースで意見交換会とタイル絵付WSを続け、意見交換会は5回、タイル絵付WSは11回の実施）

■施工時の利用者参加（2013年12月1日着工、2015年2月27日引渡）

（1）事前リノベーションワークショップ（2013年3/23：参加者30名、4/20：参加者21名、9/21：参加者23名）

第1回は共有部の使われ方の可能性を探るWSを実施、第2回は具体的なイベントやプログラムを考え、それに合ったインテリアを提案するWSを実施、第3回は模型を元にデザインを深めるWS、第4回はキャラクターを設定した登場人物を使い1日の生活ストーリーを作るWSを実施した。※2

（2）タイル配置ワークショップ（2015年1/15：参加者9名）

絵付けしたタイルを玄関ホールと共有ラウンジの床にランダムに配置するWSを実施した。

（3）塗装ワークショップ（2015年3/8：参加者21名）

各部屋のシナ合板の壁、建具や窓枠の木部に桐油の塗装、廊下の腰壁のシナ合板にグラデーションの着色塗装を実施した。

（4）ウッドデッキづくりワークショップ：（2015年3/14, 15：参加者8名）

1階アトリエの前にウッドデッキを作った。1日目に木工事、2日目に塗装工事を実施した。

1階集会室は保健相談、子育て支援など多様な利用が想定され、鏡や黒板壁を配している。

1階ラウンジはサロン的な場。床は絵付WSのタイルが乱張されている。

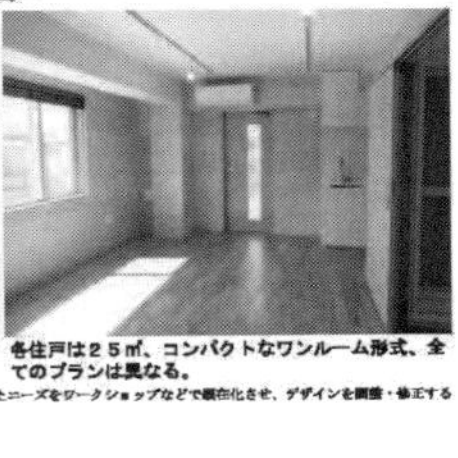

各住戸は25㎡、コンパクトなワンルーム形式、全てのプランは異なる。

※1　事前リノベーション：既に設計されているものに対して、その内容を良くする改変をすることで、完工前の工事中において、利用者の隠れたニーズをワークショップなどで顕在化させ、デザインを調整・修正することにより、完工後に生じると予想される要望やクレームを前もって解決するという側面を持つリノベーション。

※2　共有部分のインテリア設計・プロモーション業務としてツバメアーキテクツが着工後に参加した。

【荻窪家族プロジェクトが掲載された新聞・雑誌】

- 『Home's Press』二〇一四年九月一八日：「荻窪家族の話を聞いてきた①」高齢化、子育て課題に横串を刺す多世代交流の賃貸住宅
- 『Home's Press』二〇一四年九月二四日：「荻窪家族の話を聞いてきた②」リノベーションにより、ふれあいたい時にふれあう暮らし
- 『朝日新聞』二〇一五年一月六日（夕刊）：他人同士で見守り。
- 『The Japan News by The Yomiuri Shimbun』二〇一五年四月一七日：Gathering spots build warm community ties
- 『Better Care』二〇一五年（冬）：新発想で進化しつづける家、参加のデザイン「荻窪家族」
- 『荻窪百点』二〇一五年三月一日、三〇二号：新しいコミュニティを目指して住む人、使う人と一緒に考えつくっていく暮らし「荻窪家族」
- 『日本経済新聞』二〇一五年三月二八日：人口病に克つ②ついのすみか、東京がいい。人の縁「混住」で結び直す
- 『読売新聞』二〇一五年四月五日：地域に開く
- 『いきいき』二〇一五年七月号：他人同士、地域ぐるみで家族になる？　多世代で住む賃貸住宅で、子育てから介護までの悩みを解決したい
- 『街並み』五四巻：地域が行き交う多世代居住の新たな可能性（ダイヤ高齢社会研究財団、澤岡詩野）
- 『Dia News』二〇一五年八一号：地域特性に応じた「暮らしの保健室」の在り方を考える、荻窪家族プロジェクトを事例として（ダイヤ高齢社会研究財団、澤岡詩野）
- 『家主と地主』二〇一五年六月号別冊：地域に開いた多世代型賃貸住宅が登場、入居者以外も建物内ラウンジを利用可能
- 『建築ジャーナル』二〇一五年六月号：地域開放型シェアハウス的多世代賃貸住宅
- 『河北新報』二〇一五年六月四日：入居者と地域支え合い。アパート建替え共用スペース併設
- 『広報誌、わたしのおぎくぼ』二〇一五年六月七月：この街にこの人あり「荻窪家族」で人と地域をつなげる
- 『北日本新聞』二〇一五年六月一〇日：集合住宅に共用空間、地域との距離縮める
- 『上毛新聞』二〇一五年六月一八日：集合住宅　地域に開く、共有スペース使って集い
- 『広報誌　すぎなみ社協』二〇一五年七月一〇日：ささえあう地域福祉の輪

●『新建築』二〇一五年八月：「集合住宅特集」荻窪家族プロジェクト（対談：高齢者・多世代居住の新しいかたち、瑠璃川正子、連健夫、ツバメアーキテクツ）

●『ソトコト』二〇一五年九月：わたしの居場所。多様性の建築ユニット　ツバメアーキテクツに聞いた！　わたしの居場所のツクリカタ　Q＆A

●『日本建築学会大会、建築デザイン発表会梗概』二〇一五年九月関東大会：荻窪家族レジデンス・地域開放型シェアハウス的多世代賃貸住宅（連健夫、澤岡詩野）

●『TOSHIBA　電設ガイド』二〇一五年一〇月：みんなでつくる参加型のプロジェクトとして建てられた新しい形態の集合住宅、省エネルギーを考えてＬＥＤ光源のさまざまな住宅用照明器具を採用

●『日経アーキテクチュア』二〇一五年一二月二五日号：助け合い型マイホーム、高齢者が求める「他人が支え合う自由な暮らし」

●『「女活」の教科書〈自治体編〉』二〇一六年一月：「みんなでつくる参加型住宅」は新たな拠点

●『うめナビ』二〇一六年二月：地域と共に皆と一緒に「荻窪家族レジデンス」シェアハウスで豊かな生活を送ってみませんか？

百人力サロンミーティング後の交流会。

瑠璃川 崇（るりかわ・みつる）

昭和23年東京都国分寺市生まれ。血液型O型。趣味はゴルフ、読書、スポーツ観戦（主にテレビで）。水泳とランニングを目的に入ったジムだが、今では筋トレばかり。家族はクーちゃん（ラブラドール・イエロー）と共同生活者の妻。化粧品会社で化粧品の研究、開発と関連業務をしている。

新浜 潔（にいはま・きよし）

昭和28年神奈川県横浜市生まれ。NPO法人日本シニアインターネット支援協会理事長。平成23年3月発生の東日本大震災の報道を見聞きし、シニアにとって情報の収集や発信手段としてICTの重要性を痛感。以来、「iPadやiPhoneを使ってインターネットを安全に楽しむサロン」を主催し、シニアの生涯現役の一助を担っている。

松崎淳一（まつざき・じゅんいち）

1985年鹿児島県生まれ。（株）ボタンデザイン代表。法政大学にてまちづくりについて研究。多摩美術大学にて空間・環境デザインについて学ぶ。2012年、ヒトとヒト、モノとモノをつなぐデザイン事務所『ボタンデザイン』を設立。荻窪の情報サイト『オギジン』、荻窪の情報誌『ogibon』の 編集長。

奥村友梨（おくむら・ゆり）

早稲田大学人間科学部在籍。札幌で生まれ育ち、大学進学と共に上京。大学で連先生の講義を受講し、荻窪家族レジデンスに興味をもつ。荻窪家族でゼミの調査をしたり、多世代交流を目的としたワークショップを企画。

河合秀之（かわい・ひでゆき）

昭和30年石川県金沢市生まれ。JCDA認定CDA（キャリア・デベロップメント・アドバイザー）。勤務していた通信会社を定年退職後、CDAおよび社会福祉士として活動中。趣味：落語（とくに古今亭志ん朝）。最近興味があること：明治神宮をはじめとする神社仏閣、断食、中村天風、鈴木大拙、長距離サイクリング。

関屋利治（せきや・としはる）

1964年生まれ。悪性リンパ腫に罹った父を1年半の在宅介護・看護の末、家で母と二人で看取った経験をもつ。この経験で得られたさまざまな思いや具体的ノウハウをまとめた『「自分の家で死にたい」と言われたら読む本』（中経出版、2012年）を出版するなど、医療や介護の諸問題や「地域コミュニティ」の活性化に、自作のプリンなどの「美味しい食」と「笑顔」を武器に取り組んでいる。

上野佳代（うえの・かよ）

大阪出身。千葉県立保健医療大学教員（高齢者・在宅看護学）。看護師、介護保険認定調査および自立支援認定調査員、短大講師等を経て、2014年9月から現職。研究活動では、中途障害の男性が過ごしたいと思える場所がないという疑問をきっかけに、デイサービスへの抵抗感の研究、高齢者の居場所、過ごし方の研究をしている。

島村八重子（しまむら・やえこ）

約20年間の専業主婦の後、義父の在宅介護と看取りの経験から高齢者問題に関心をもつようになる。2000年4月から2007年10月まで義母のケアプランを自己作成。2001年「全国マイケアプラン・ネットワーク」を設立。著書『介護のための安心読本』『福祉マンションにある暮らし』『家族とすまない家』『ケアプランを自分でたてるということ』（以上、共著）、『はじめて介護保険を使うときに読む本』等。

執筆者紹介

瑠璃川正子（るりかわ・まさこ）

荻窪家族プロジェクト代表。1949年杉並区荻窪生まれ。明治薬科大学卒業後、薬剤師として10年ほど勤務、子育てで家庭に入る。介護経験から介護支援専門員、福祉用具専門相談員、全国マイケアプラン・ネットワーク会員となる。有限会社荻窪不動産代表取締役を受け継ぎ、有限会社イノス取締役、NPO法人ちぃきちぃき理事長兼ひとときき保育方南施設長を兼務。現在夫婦二人と愛犬一匹との生活。

澤岡詩野（さわおか・しの）

（公財）ダイヤ高齢社会研究財団主任研究員。専門は老年社会学。緩やかなつながりづくり、ICT（情報通信技術）の普及がつながりに及ぼす影響など、長寿社会のなかで最後まで自分らしくあり続けるための「居場所（交流や活動）」づくり、地域コミュニティのあり方をテーマとした研究に取り組んでいる。

連　健夫（むらじ・たけお）

建築家、（有）連健夫建築研究室代表。港区まちづくりコンサルタント、首都大学東京・早稲田大学非常勤講師。1956年生、東京都立大学大学院修了。建設会社10年勤務の後、1991年渡英。AAスクール大学院、同校助手を経て1996年帰国。作品：はくおう幼稚園（栃木県建築景観賞）等、著書：『イギリス色の街』『心と対話する建築・家』等。

ツバメアーキテクツ / TSUBAME ARCHITECTS

ツバメアーキテクツは山道拓人（さんどう・たくと）・千葉元生（ちば・もとお）・西川日満里（さいかわ・ひまり）・石榑督和（いしぐれ・まさかず）らによる建築チーム。空間の設計をする「Design」と、空間が成立する前の枠組みや完成後の使い方を思考し研究開発やまちづくりを行う「Lab」の二部門からなる組織。代表作に「阿蘇草原情報館」「朝日新聞社メディアラボ」「マイパブリック屋台」等。

荻窪家族プロジェクト

みんなでつくる参加型の賃貸住宅プロジェクト。

荻窪駅から徒歩七分、地域の人が集う工房・ラウンジ・集会室などの共用スペースをもった新しい賃貸住宅「荻窪家族レジデンス」が誕生した。そこには、多世代居住のなかで、住む人使う人と一緒に考え、つくっていく暮らしがある。

小さな子ども、若者や留学生、年配者等、皆が地域のなかで大きな家族のようにふれあい、年月を重ねてますます魅力的に生きる「成熟していく暮らし方」を提案する。建物の一部を地域に開き、活かしていけるような場をめざしている。

荻窪家族プロジェクト物語

住む人・使う人・地域の人みんなでつくり多世代で暮らす新たな住まい方の提案

二〇一六年五月一〇日初版第一刷発行

編著者　荻窪家族プロジェクト

装　幀　臼井新太郎

発行者　神谷万喜子

発行所　合同会社　萬書房
〒二二二－〇〇一一　神奈川県横浜市港北区菊名二丁目二四－一二－一二〇五
電話　〇四五－四三一－四四二三　FAX　〇四五－六三三－四二五二
yorozushobo@tbb.t-com.ne.jp　http://yorozushobo.p2.weblife.me/
郵便振替　〇〇二三〇－三－五二〇二二

印刷製本　モリモト印刷株式会社

ISBN978-4-907961-08-4　C0052